Łódź

SZKICE DO PORTRETU MIASTA

Łódź 2007

WYDAWCA:
Studio Filmowe Itaka

REDAKCJA:
Andrzej Pawliński

FOTOGRAFIE:
Zbigniew Kotecki

TEKST:
Krzysztof Stefański

PROJEKT GRAFICZNY:
Piotr Karczewski

TŁUMACZENIE:
Język angielski: Jolanta Rodanowicz
Język niemiecki: Alina Milinkiewicz

DRUK:
LCL

ISBN: 978-83-924356-1-7

WSTĘP

Łódź – miasto w centrum Polski – szczyci się faktem, że prawa miejskie nadał jej król Władysław Jagiełło w 1423 roku. Jednak jej prawdziwa kariera rozpoczęła się dopiero na początku XIX wieku, gdy rząd Królestwa Polskiego, podporządkowanego wówczas Cesarstwu Rosyjskiemu, zadecydowały o założeniu tu osad przemysłowych. W ciągu niespełna stu lat mała mieścina, licząca w 1820 roku niecałe tysiąc mieszkańców, przekształciła się w jeden z największych w Europie ośrodków przemysłu włókienniczego, zamieszkały w momencie wybuchu pierwszej wojny światowej przez ponad pół miliona ludzi. O charakterze miasta decydowały potężne gmachy fabryk i setki dymiących kominów.

Ten dawny obraz Łodzi należy już do przeszłości. Łódź współczesna to miasto akademickie z kilkunastoma wyższymi uczelniami – w tym z cieszącą się międzynarodową renomą Wyższą Szkołą Filmową, Teatralną i Telewizyjną – z nowoczesnym przemysłem elektronicznym, elektrotechnicznym, z centrami zarządzania. O przeszłości świadczy zabytkowe centrum i położone na jego obrzeżach dawne zespoły przemysłowe. Decydują one o niezwykłym, jedynym w swoim rodzaju obliczu miasta. To oblicze to prostokątna siatka długich i wąskich, ginących w perspektywie ulic, zabudowanych zwartymi ciągami różnorodnych w formie kamienic. Zarówno bogatymi, reprezentacyjnymi gmachami stawianymi przy głównej arterii miasta – ulicy Piotrkowskiej – jak i skromnymi „czynszówkami" stawianymi szybko i tandetnie, by przynieść jak najprędzej zysk.

To wielkie gmachy fabryczne, tworzące niekiedy duże zespoły przemysłowe o wyjątkowym charakterze, jak Księży Młyn zbudowany przez Karola Scheiblera bądź kompleks wzniesiony przez Izraela Kalmanowicza Poznańskiego przy ul. Ogrodowej. To także rezydencje właścicieli owych fabryk – wille i pałace otoczone ogrodami, stawiane najczęściej w pobliżu budowli fabrycznych, ale też niekiedy w ciągu głównych ulic miasta.

To wreszcie świątynie różnych wyznań. Łódź tworzyli bowiem ludzie przybywający z wielu stron. Budowali ją Polacy, Niemcy, Żydzi, przybywali tu też Rosjanie, Czesi, Anglicy i Francuzi. W rozwijającym się w szybkim tempie przemysłowym mieście szukali swojej szansy. Świadectwem obecności ludzi różnych narodowości, wyznających różne religie były wznoszone tutaj kościoły katolickie, protestanckie, prawosławne cerkwie oraz żydowskie synagogi – te ostatnie, poza jednym cudem ocalałym obiektem, zostały zniszczone w czasie drugiej wojny światowej prze hitlerowskich okupantów. Takim świadectwem są również dawne łódzkie cmentarze: Stare Cmentarze – katolicki, ewangelicki i prawosławny - przy ul. Ogrodowej oraz Nowy Cmentarz żydowski, na których wystawiali swoje grobowce i mauzolea potentaci łódzkiego przemysłu.

Fenomen łódzkiej architektury zrodził się z krzyżowania się tutaj różnorodnych wpływów. Płynących ze Wschodu: z Sankt Petersburga i Rygi oraz z Zachodu: z Berlina, Wiednia, Paryża. Projektowali tutaj miejscowi twórcy, wykształceni głównie w Sankt Petersburgu: wśród nich do najważniejszych należeli Hilary Majewski, Gustaw Landau-Gutenteger, Dawid Lande, Piotr Brukalski oraz przybyli tu z innych ośrodków, jak Juliusz Jung ze Stuttgartu czy Paweł Riebensahm z Rygi. Swoje dzieła realizowali w Łodzi również twórcy z Berlina – wśród nich tak znani architekci, jak Franz Schwechten, Alfred J. Balcke i Wilhelm Martens, a także pochodzący z niemieckiego wówczas Wrocławia czy Wiednia. We wnętrzach łódzkich świątyń, kamienic i fabrykanckich rezydencji odnajdujemy niezwykle bogaty i zróżnicowany stylowo wystrój projektowany i wykonywany zarówno przez firmy miejscowe, jak i pochodzące z wielu innych ośrodków: obok wymienianych wyżej Berlina czy Wiednia, również z Warszawy, Drezna, Lipska, łużyckiego Zittau (żytawa), St. Ulrich w południowym Tyrolu, Rygi czy Wenecji. Łódź wzrastała w epoce historyzmu, gdy czerpano z dawnych epok stylowych, a później w latach secesji i wczesnego modernizmu, gdy poszukiwano nowych dróg w sztuce. Decyduje to o krajobrazie miasta. Motywy wczesnego renesansu florenckiego współistnieją tu z formami dojrzałego renesansu rzymskiego czy weneckiego, z elementami czerpanymi ze sztuki francuskiej. Formy zaś neoromańskie ze stylem neogotyckim. Wzbogacają to akcenty sztuki rusko-bizantyjskiej, a w dawniej stojących synagogach zastosowanie znajdował orientalny „styl mauretański". Dawna Łódź nie była miastem przestrzennie rozległym, co sprawiało, że te zróżnicowane formy współistniały ze sobą w szczególnym zagęszczeniu, kontrastując często ze sobą, ale i nawzajem się wzbogacając.

Łódź odwołuje się obecnie do swojej niezwykłej historii, coraz lepiej rozumiejąc jej wartość. Przywołuje się fenomen metropolii, w której w zgodzie współżyli ze sobą ludzie różnych narodowości, religii i wyznań, co opisane zostało przez laureata nagrody Nobla Władysława Reymonta jako „Ziemia obiecana", dająca możliwości zrobienia szybkiej kariery i pieniędzy, ale też określanego jako „złe miasto", skupisko nędzy i ludzkiej krzywdy.

Przeszłość nie decyduje jednak o dzisiejszym życiu Łodzi. Zmaga się ona z teraźniejszością walcząc o lepszą przyszłość. W ostatniej dekadzie XX wieku miasto przeżyło „katharsis": w ciągu kilku lat załamał się przestarzały technologicznie przemysł włókienniczy. Dziesiątki gmachów fabrycznych opustoszało. Ich zagospodarowanie stało się wielkim wyzwaniem. Niektóre zabytkowe budowle fabryczne uległy niestety, mimo protestów wielu środowisk, zagładzie. Jednocześnie w ostatnich latach obserwujemy wiele interesujących przykładów adaptacji dawnych obiektów przemysłowych – powstają w nich centra handlowe, jak budzące obecnie międzynarodowe zainteresowanie centrum handlowo-rozrywkowe „Manufaktura" w opustoszałych zakładach Izraela K. Poznańskiego, hotele bądź mieszkania, czego najlepszym przykładem są „lofty" w dawnej przędzalni Karola Scheiblera. Niegdysiejsze pałace fabrykanckie mieszczą obecnie muzea, lokale rozrywkowe bądź stały się siedzibami wyższych uczelni. W dziewiętnastowieczne centrum wkroczyła też nowa architektura epatująca szkłem i zgeometryzowanymi formami. Realizacje te budzą kontrowersje, jako inwestycje często w zbyt mocny sposób ingerujące w zabytkową tkankę. Obrońcy tego rodzaju przedsięwzięć argumentują, że przywracają one do życia martwe wcześniej obiekty, budują też nowoczesny obraz miasta. To teraźniejszość Łodzi przekształcającej się w metropolię o nowym obliczu, nie przekreślającej swojej przeszłości, swojej legendy, ale zwróconej przede wszystkim ku przyszłości.

Takie właśnie oblicze miasta ukazuje prezentowany album. Zdjęcia Zbigniewa Koteckiego, wykorzystujące możliwości współczesnej fotografii i technik komputerowych, wyczarowują niezwykły i nastrojowy – na swój sposób romantyczny - obraz łódzkiej architektury, tej dawnej, ale również i nowej, stylowych wnętrz fabrykanckich rezydencji oraz świątyń. Twórcy tego dzieła chcą zwrócić uwagę na często niedostrzegane piękno Łodzi, ukazać jej zabytkową i artystyczna spuściznę, lecz pokazać ją również jako miasto pełne życia, kuszące wieloma atrakcyjnymi miejscami, mieniące się barwnością.

INTRODUCTION

Łódź – a city in the centre of Poland - boasts the fact that it was granted a town chart by King Wladyslaw Jagiello in 1423. But its true career started only in the beginning of the 19th century when Polish Kingdom government, then submitted to Russian Empire, decided to establish an industrial settlement there. In less then a hundred years, a small town with a population of nearly one thousand inhabitants in 1820, transformed into one of the biggest textile industry centre in Europe, inhabited by more than half a million people in the moment of the First World War outbreak. Powerful factory buildings and hundreds of smoking chimneys decided of the city character.

This old Łódź image belongs to the past now. Modern Łódź is an academic city with several high schools – together with a worldwide famous Film, Theatre and Television High School – with a modern electronic, electro-technical industry, with management centres.

Historical centre and, located on the outskirts, former industrial complexes give the evidence of the past. They decide of an unusual, one of its kind city face. This face consists of a rectangular net of long and narrow, vanishing in the perspective, streets of dense series of buildings of various forms. Some buildings are rich, stately tenement houses built along the main city road - Piotrkowska Street – others are modest, hurriedly and cheaply built in order to bring profit as soon as possible.

These are big factory buildings sometimes forming large industrial complexes of a unique character as, for instance, Priest's Mill built by Karol Scheibler, or a complex erected by Israel Kalmanowicz Poznanski at Ogrodowa Street. These are also mansions of these factories' owners – villas and palaces surrounded by gardens, most often built near factory premises, but sometimes in the course of main city streets as well. And, finally, the temples of different religions and beliefs. Łódź was developed by people coming from various countries. The city was built by the Polish, Germans, Jews, but also Russians, Czechs, the British and French. All those people looked for their chance in this rapidly developing industrial city.

The evidence of the presence of various nationalities, believing in different religions, are the churches – Catholic, Protestant, Orthodox and Jewish synagogues – the latter, with the exception of one miraculously survived object, were destroyed by German occupants during the Second World War.

Other evidences consist of old Łódź cemeteries: Old Cemeteries – Catholic, Evangelical and Orthodox – at Ogrodowa Street and a New Jewish Cemetery where moguls of Łódź industry erected their tombs and mausoleums.

Łódź architecture phenomenon was conceived of mixture of various influences here. They were from the East: Saint Petersburg and Riga, and from the West: Berlin, Vienna, Paris. Local artists, educated mainly in Saint Petersburg, designed here: the most important were Hilary Majewski, Gustaw Landau – Gutenteger, David Lande, Piotr Brukalski and also others, arrived from other centres as Julius Jung from Stuttgart or Pawel Riebensahm from Riga. Artists from Berlin also performed their works in Łódź – as, among others, such well- known artists as Franz Schwechten, Alfred J. Balcke and Wilhelm Martens, and others coming from German Wrocław or Vienna. In the interiors of Łódź temples, houses and factory owners' mansions you can find exceptionally rich and stylistically differentiated décor designed and performed both by local firms and firms coming from many other centres: as, mentioned above, Berlin or Vienna, also Warsaw, Dresden, Leipzig, Zittau, St. Ulrich in the southern Tyrol, Riga or Venice.

Łódz was rising in the "historism" era, when artists drew extensively on former period and style epochs, and later, in the years of " Secession " and early Modernism, they looked for new ways in art.

It affected the city landscape. Motives of an early Florence Renaissance co-exist here with mature forms of Roman or Venetian Renaissance, with elements taken from French art. Neo-Roman forms go with neo-Gothic. All these are enriched by Russian – Byzantine features, and in former synagogues you could see Oriental "Mauritanian" style applied. Former Łódź did not use to be a vast, spacious city which resulted in the fact that those forms co-existed in specific density, contrasting and, at same time, enriching mutually.

Łódź calls back to its unusual history, having more and more understanding of its value. A model of metropolis phenomenon is recalled where people of different nationalities, religions and beliefs lived in harmony – as it was described by the Nobel winner Wladyslaw Reymont as "The Promised Land", giving opportunities of making a fast promotion and money, but also described as an "evil city", a centre of poverty and human misery.

But the past does not decide on today's life of the city. It struggles with the present, fighting for the better future. In the last decade of the 20th century the city experienced a "catharsis": during a few years, the technologically obsolete textile industry broke. A lot of factory buildings became empty. Their re – development became a great challenge. Some of historical factory buildings were destroyed, in spite of protests from many groups. At the same time, during recent years, we have observed a lot of interesting examples of old industrial objects conversion. New shopping malls are developed there, as attracting now international attention a Shopping and Amusement Centre "Manufaktura",

built in desolate Israel K. Poznanski's plants, or hotels and apartments such as "lofts" in a former Karol Scheibler's spinning mill. Once factory owners' palaces now host museums, entertainment centres or they became residents of high schools. To the 19th century centre a new architecture entered – dazzling with glass and geometrical forms. These objects evoke controversies as investments too much interfering with historical tissue. Defendants of such enterprises claim that they restore then dead objects to life, they build a modern image of the city. This is a present day of Łódz, being transformed into metropolis with a new face, yet not deleting its past, its legend, but heading mainly for future.

This very face of the city is shown in the album presented here. Pictures by Zbigniew Kotecki, using possibilities of contemporary photography and computer techniques, conjure up an unusual and atmospheric – in a way romantic – image of Łódź architecture, the old but also the new, stylish interiors of factory owners' interiors and temples. Authors of this work of art would like to pay attention to often not seen beauty of the city, to show its historical and artistic heritage; and also to show it as a city full of life, luring with a lot of attractive places, sparkling with colours.

EINLEITUNG

Łódź – eine Stadt im Zentrum Polens – rühmt sich mit der Tatsache, dass der König Władysław Jagiello ihm im Jahre 1423 die Stadtrechte verliehen hat. Seine richtige Karriere begann jedoch erst am Anfang des 19. Jh., als die damals dem Russischen Kaiserreich unterstellte Regierung von Kongresspolen entschieden hatte, hier industrielle Siedlungen zu gründen. Während etwa hundert Jahre verwandelte sich das kleine Städtchen mit weniger als 1000 Einwohnern im Jahr 1820 in eines der größten Zentren der Textilindustrie in Europa, das im Moment des Ausbruchs des 1. Weltkrieges von über einer halben Million Menschen bewohnt war. Über den Charakter der Stadt entschieden mächtige Fabrikgebäude und Hunderte rauchender Schornsteine. Dieses alte Bild von Łódź gehört schon zur Vergangenheit. Das gegenwärtige Łódź ist eine Hochschulstadt mit mehreren Hochschulen, Universitäten, Akademien – darunter mit der international bekannten

Film-, Theater- und Fernsehhochschule – mit der modernen elektronischen und elektrotechnischen Industrie, mit Logistic-Zentren. Von der Vergangenheit zeugt die historische Stadtmitte und die an ihrem Rande liegenden ehemaligen Industrieensembles. Sie entschieden über das ungewöhnliche einzigartige Bild der Stadt. Dieses Bild ist das rechteckige Netz langer und schmaler, in der Perspektive außer Sicht kommender Straßen, die mit geschlossenen Zügen verschiedenförmiger Wohnhäuser bebaut sind. Sowohl mit reichen an der Hauptarterie der Stadt, der Piotrkowskastraße als auch mit bescheidenen wegen des schnellsten Gewinns nachlässig gebauten „Mietshäusern". Das sind mächtige Fabrikgebäude, die mitunter große Industrieensembles wie das von Karl Scheibler errichtete Księży Młyn oder der von Israel Kalmanowicz Poznański an der Ogrodowastr. gebaute Komplex bildeten. Das sind auch Residenzen der Fabrikbesitzer – Villen und

Paläste von Gärten umgeben – die meistens in der Nähe der Fabrikgebäude manchmal aber auch an Hauptstraßen errichtet waren.

Das sind schließlich Gotteshäuser verschiedener Konfessionen. Łódź wurde eben von den von vielen Seiten kommenden Menschen geschaffen. Es wurde von Polen, Deutschen und Juden gebaut. Hierher kamen auch Russen, Tschechen, Engländer und Franzosen. Sie suchten nach ihrer Chance in der schnell wachsenden Industriestadt. Das Zeugnis für die Anwesenheit von Menschen verschiedener Nationalitäten und Konfessionen waren hier errichtete katholische, protestantische und russisch-orthodoxe Kirchen sowie jüdische Synagogen. Die letzteren – ein auf wunderbare Weise erhalten gebliebenes Objekt ausgenommen – wurden während des 2. Weltkrieges von den Hitlerbesatzern zerstört. Ein ähnliches Zeugnis sind auch alte Lodzer Friedhöfe: der Alte Katholische, Evangelische und Russisch-orthodoxe Friedhof an der Ogrodowastr. und der Neue Jüdische Friedhof, auf denen Machthaber der Lodzer Industrie ihre Grabmäler und Mausoleen errichteten.

Das Phänomen Lodzer Architektur entstand aus der Kreuzung verschiedener vom Osten aus St. Petersburg und Riga und vom Westen aus Berlin, Wien und Paris kommender Einflüsse. Hier schufen ihre Entwürfe lokale hauptsächlich in St. Petersburg gebildete Schöpfer. Zu den wichtigsten unter ihnen gehörten Hilary Majewski, Gustav Landau-Gutenteger, David Lande, Piotr Brukalski und aus anderen Städten gekommene: Julius Jung aus Stuttgart und Paul Riebensahm aus Riga. Ihre Werke realisierten in Łódź auch Schöpfer aus Berlin – unter ihnen so bekannte Architekten wie Franz Schwechten, Alfred J. Balcke und Wilhelm Martens und die aus dem damals deutschen Wrocław oder Wien stammende Architekten. In den Innenräumen Lodzer Gotteshäuser, Wohnhäuser und Fabrikresidenzen in den wir eine ungewöhnlich reiche und stilgemäß differenzierte Ausschmückung, die sowohl von lokalen als auch von den aus verschiedenen Zentren kommenden Firmen entworfen und ausgeführt war. Es waren außer den schon erwähnten Berliner oder Wiener Firmen auch die aus Warszawa, Dresden, Leipzig, Zittau in der Lausitz, St. Ulrich in Tirol, Riga oder Venedig.

Łódź wuchs in der Historismusepoche, als aus den älteren Stilepochen geschöpft und später in den Jahren der Sezession und des früheren Modernismus nach neuen Wegen in der Kunst gesucht wurde.

Das entscheidet von der Landschaft der Stadt. Motive der frühen Florentiner Renaissance koexistieren hier mit den Formen der reifen römischen oder venezianischen Renaissance oder mit den der französischen Kunst, in den älteren Synagogen wurde auch der orientale maurische Stil verwendet. Das alte Łódź war räumlich nicht sehr groß was zur Folge hatte, dass diese differenzierten Formen in einer besonderen Einengung zusammen lebten, indem sie oft sowohl im Gegensatz standen als auch sich einander bereicherten.

Łódź beruft sich gegenwärtig an seine ungewöhnliche Geschichte, indem es ihre Bedeutung immer besser versteht. Zurückgerufen wird das Phänomen einer Metropole, in der Vertreter verschiedener Nationalitäten, Religionen und Konfessionen in Eintracht zusammen lebten, was von dem Nobelpreisträger Władysław Reymont als „Gelobte Land" beschrieben wurde, das eine schnelle Karriere und Geld machen ließ, aber auch als eine „böse Stadt", Ansammlung des Armuts und menschlichen Unrechte bezeichnet wurde.

Die Vergangenheit entscheidet jedoch nicht über das heutige Leben von Łódź. Sie ringt mit der Gegenwart um eine bessere Zukunft. Im letzten Jahrzehnt des 20. Jh. erlebte die Stadt ein „Katharsis", während einiger Jahre brach die technologisch veraltete Textilindustrie zusammen. Mehrere Fabrikgebäude standen leer. Ihre Bewirtschaftung wurde eine große Herausforderung. Einige historische Fabrikgebäude wurden trotz Proteste vieler Kreise zerstört. Gleichzeitig beobachten wir in den letzten Jahren viele interessante Beispiele der Anpassung von alten Industrieobjekten. Hier entstehen Handelszentren, wie das heute internationales Interesse erweckende Handels- und Unterhaltungszentrum „Manufaktura" in den leer gewordenen Israel.-K-Poznański-Werken, Hotels oder Wohnungen, wessen bestes Beispiel die „Lofts" in der ehemaligen Karl-Scheibler-Spinnerei sind. Frühere Fabrikantenpaläste bewirten heute Museen, Unterhaltungslokale oder wurden Sitze der Hochschulen. In das Zentrum aus dem 19. Jh. trat auch die mit Glas und geometrischen Formen überraschende Architektur. Diese Realisierungen sind oft umstritten, zu stark in den historischen Stoff eing-

ULICA PIOTRKOWSKA

Stary trakt wiodący z Łodzi w kierunku Piotrkowa przekształcony został w latach 1821-1823 w ulicę Piotrkowską, główną oś komunikacyjną rodzącego się przemysłowego ośrodka. Oglądana z perspektywy pomnika Tadeusza Kościuszki ustawionego w centrum Placu Wolności tworzy ginący w perspektywie wąwóz ujęty dwoma szeregami zwartych kamienic, którego bramę stanowią ratusz i dawny kościół ewangelicko-augsburski św. Trójcy (obecnie kościół katolicki Zesłania Ducha Św.).

PIOTRKOWSKA STREET

An old route leading from Łódź to the town Piotrków was transformed into the street in 1821 – 1823, the main transport axis of an arising industrial centre. Watched from Thaddeus Kosciuszko Statue perspective, a monument situated in the middle of Independence Square, it creates a kind of a gorge, fading in the perspective, enclosed by two rows of dense buildings, the gate of which constitutes the City Town Hall and a former Evangelical Church of St Trinity (now a Catholic church of the Descent of the Holy Spirit).

PIOTRKOWSKASTRAßE

Der alte von Łódź nach Piotrków laufende Trakt wurde in den Jahren 1821-1832 in die Piotrkowskastraße, die zentrale Verkehrsachse des entstehenden Industriezentrums umgestaltet. Von der Perspektive des in der Mitte vom Freiheitsplatz errichteten Tadeusz-Kościuszko-Denkmals gesehen bildet sie eine von zwei Reihen geschlossener Wohnhäuser umfasste in der Ferne außer Sicht kommende Schlucht, deren Tor das Rathaus und die ehemalige evang.-augsburgische Trinitätskirche (heute katholische Hl.-Geist-Kirche) bilden.

reifend. Verteidiger Unternehmungen dieser Art argumentieren, dass diese früher abgestorbene Objekte ins Leben zurückrufen und ein modernes Bild der Stadt schaffen. Das ist die Gegenwart des sich in eine Metropole mit neuem Gesicht verwandelten Łódź, das seine Vergangenheit, seine Legende nicht wegstreicht, sondern sich der Zukunft zuwendet.

Ein solches Gesicht der Stadt zeigt das vorliegende Album. Die Möglichkeiten der gegenwärtigen Fotografie und Computertechniken ausnutzenden Bilder von Zbigniew Kotecki zaubern das ungewöhnliche, stimmungsvolle, auf seine Weise auch romantische Bild der Lodzer Architektur hervor, der alten sowie der modernen, der stilvollen Innenräume der Fabrikantenresidenzen und Kirchen. Die Autoren dieses Werks wollen auf die oft nicht bemerkte Schönheit von Łódź die Aufmerksamkeit lenken, sein historisches und Künstlerisches Erbe darstellen, es aber auch als eine farbenfrohe lebensvolle Stadt mit vielen attraktiven Stätten zeigen.

KAMIENICE ULICY PIOTRKOWSKIEJ

Architekci zabudowujący główną arterię miasta dbali o wyraziste zaakcentowanie narożników. Skrzyżowanie Piotrkowskiej i dawnej ul. Południowej (ob. A. Próchnika i Rewolucji 1905 r.) zdobią dwa takie mocne akcenty. Kamienica Karola Scheiblera pod nr 11 (po lewej), wybudowana w latach 1879-1882, to pierwsza wielkomiejska, dużej skali budowla przy tej ulicy. Kamienica pod nr 12 (po prawej) powstała kilkanaście lat później, w 1898 r., a wzniesiona została dla Izraela Senderowicza przez znakomitego łódzkiego architeka Dawida Landego, który zastosował w niej fantazyjne motywy manierystyczne i neogotyckie.

TENEMENT HOUSES OF PIOTRKOWSKA ST.

Architects developing the main artery of the city put a distinctive emphasis on corners. The crossroads of Piotrkowska Street and a former Południowa (South) Street (now A. Prochnik Str. and Revolution 1905 Str.) is ornamented by such two strong features. The Karol Scheibler's building no.11 (on the left) built in the years 1879-1882 was the first city construction on the big scale at this street. The house no.12 (on the right) was erected several years later, in 1898, for Israel Senderowicz by a distinguished Łódź architect David Lande who used fantasy neo-Gothic and Mannerism motives here.

WOHNHÄUSER AN DER PIOTRKOWSKASTRAßE

Die die Hauptarterie der Stadt bebauenden Architekten sorgten für eine ausdrucksvolle Betonung der Straßenecken. Die Kreuzung der Piotrkowska- und der Południowastraße (heute A.-Próchnik- und Revolution-1905-Str.) schmücken zwei so starke Akzente. Links das Wohnhaus Nr. 11 erbaut 1879-1882 für Karl Scheibler. Es ist das erste Großstadtgebäude großen Rangs an dieser Straße. Das Wohnhaus Nr. 12 (rechts) entstand einige Jahre später im Jahre 1898, es wurde für Israel Senderowicz vom berühmten Lodzer Architekten Dawid Lande errichtet, der hier fantastische manieristische und neugotische Motive verwendete.

PIOTRKOWSKA – JEJ KAWIARNIE, RESTAURACJE I BARY

Współcześnie ulica Piotrkowska traci swój handlowy charakter, a przekształca się głównie w ciąg kawiarni, restauracji i barów, o interesującym wystroju i zróżnicowanej kuchni. Każdy znajdzie tutaj lokal dostosowany do swoich gustów i upodobań. Do chętnie odwiedzanych miejsc należy „Grand Hotel" – widoczny na poprzednim zdjęciu – najelegantszy hotel miasta z restauracjami „Malinową" i „Złotą" czy też Pałac Goldfedera przy ul. Piotrkowskiej 77 ze stylowym „Klubem spadkobierców" i cieszącym się dużą popularnością „Irish Pubem"

PIOTRKOWSKA – ITS CAFES, RESTAURANTS AND BARS

Nowadays Piotrkowska is losing its trade character and is being transformed mainly into a series of cafes, restaurants and bars of interesting design and various cuisine. Each visitor will find here a place suitable for their tastes and preferences. Hotel Grand – visible in the former picture - belongs to one of the most commonly visited places as the most elegant city hotel with restaurants "Raspberry-Coloured" and "Golden"; or Goldfeder's Palace at 77 Piotrkowska with a stylish "Inheritors' Club" and highly popular "Irish Pub".

PIOTRKOWSKASTRAßE – IHRE CAFÉS, RESTAURANTS UND BARS

Heutzutage verliert die Piotrkowskastraße ihren Handelscharakter und verwandelt sich hauptsächlich in einen Zug von Cafés, Restaurants und Bars mit interessanter Ausschmückung und unterschiedlicher Küche. Jeder findet hier ein Lokal nach seinem Geschmack und Gefallen. Zu den gern besuchten gehören das „Grand Hotel", das eleganteste Hotel der Stadt mit den Restaurants „Malinowa" (Himbeersaal) und „Złota" (Goldener Saal) – auf dem vorigen Bild gezeigt – oder der Goldfeder-Palast an der Piotrkowskastr. 77 mit dem stilvollen „Klub der Erben" und dem gern besuchten „Irish Pub".

SKRZYŻOWANIE UL. PIOTRKOWSKIEJ I UL. J. TUWIMA

Architektura Piotrkowskiej łączy formy stare i nowe. Dobrze to ilustruje jedno z reprezentacyjnych jej skrzyżowań, z ulicą J. Tuwima. W narożny dawny dom handlowy E. Schmechela (popularnie zwany „domem buta") z początku XX wieku, noszący cechy secesyjne, w nieco ekscentryczny sposób wbudowano szklaną bryłę. Podobną szklaną formę dostrzegamy we wzniesionym na przeciwnym narożniku domu handlowym „Saspol". Obydwa budynki reprezentują charakterystyczny styl realizacji z przełomu XX i XXI wieku. Kontrastuje z nimi poważna, klasyczna w charakterze fasada dawnej siedziby firmy „Siemens" powstała w 1914 roku, widoczna na drugim planie (ul. Piotrkowska 96).

CROSSROADS OF PIOTRKOWSKA AND TUWIM'S STREETS

Piotrkowska's architecture combines old and new forms. It is perfectly illustrated by one of its most stately crossroads- with Tuwim's street. In the corner of the former retail house of E. Schmechel (popularly nicknamed "Shoe House"), having Secession features, a glass mass was built in, in a rather eccentric way. The similar bulky glass form is seen in the opposite corner, in the department store "Saspol". Both buildings represent a characteristic style of constructions at the turn of the 20th and 21st centuries. They stand in contrast to a formal, classic in character façade of a former seat of Siemens company built in 1914, visible in the background (96 Piotrkowska).

DIE KREUZUNG DER PIOTRKOWSKA- UND J.-TUWIM-STRASSE

Die Architektur der Piotrkowskastraße verbindet alte und neue Formen. Gut schildert das eine ihrer repräsentativen Kreuzungen mit J.-Tuwim-Str. In das Sezessionsmerkmale tragende ehemalige Kaufhaus von E. Schmechel („Schuhhaus" genannt) vom Anfang des 20. Jh. wurde auf etwas exzentrische Weise ein Glaskörper eingebaut. Eine ähnliche Glasform bemerken wir in dem an der gegenüberliegenden Straßenecke errichteten Kaufhaus „Saspol". Beide Gebäude vertreten den charakteristischen Baustil von der Wende des 20. und 21. Jh. Im Gegensatz zu ihnen steht die ernste klassizistische Fassade des ehem. Sitzes der Firma „Siemens", entstanden 1914, sichtbar im Hintergrund (Piotrkowskastr. 96).

WIECZORNE KLIMATY PIOTRKOWSKIEJ

Na rogu Piotrkowskiej i dawnej Dzielnej (ob. G. Narutowicza) tuż przed pierwszą wojna światową stanęła okazała kamienica Szai Eiznera mieszcząca w dolnej części lokale handlowe. Elewacje tej partii wypełnione zostały wielkimi szklanymi witrynami, na co pozwalała nowoczesna szkieletowa konstrukcja budowli. Obecnie wnętrza te wykorzystywane są na cele rozrywkowe, a przez duże okna mieszczącego się tutaj klubu dostrzegamy fragment głównej arterii miasta rozjaśnionej wieczornymi światłami.

PIOTRKOWSKA NIGHT CLIMATES

On the corner of Piotrkowska and former Dzielna (now G. Narutowicz's str.), just before the First World War, Szaja Eizner erected an impressive building with retail outlets in the ground part. This part of the elevation was covered with huge glass shop windows based on a modern skeletal construction of the building. Now these space is used for entertainment and through big windows of the club you can notice a fragment of the main artery of the city glowing with night lights.

ABENDSTIMMUNG DER PIOTRKOWSKASTRAẞE

An der Ecke Piotrkowska- und Dzielnastr. (h. G.-Narutowicz-Str.) entstand kurz vor dem Ausbruch des 1. Weltkriegs das prachtvolle Wohnhaus von Schaia Eisner mit Handelsräumen im Erdgeschoss. Die Fassaden dieses Teils wurden mit großen Glasfenstern ausgefüllt, was die moderne Skelettkonstruktion erlaubte. Heute werden diese Innenräume für Unterhaltungszwecke ausgenutzt, durch große Fenster des hier befindlichen Klubs bemerken wir ein Fragment der mit Abendlicht erhellten Hauptarterie der Stadt.

MOZAIKA PAŁACU JULIUSZA KINDERMANNA

Barwnym akcentem przyciągającym uwagę przechodniów jest dekoracyjna mozaika pokrywająca elewację pałacu Juliusza Kindermanna, jednego ze znaczących przedsiębiorców dawnej Łodzi, przy ul. Piotrkowskiej 137/139. Powstała ona w 1909 r. według kartonów Hansa Aloisa Schrama, malarza zdobiącego swoimi dziełami wielkie budowle wiedeńskiego Ringu, a wykonał ją znany w całej Europie wenecki warsztat Andrei Salviatiego. Kompozycja ukazuje w alegoryczny sposób handel bawełną.

JULIUS KINDERMANN'S PALACE MOSAIC

A colourful feature attracting passer-bys' attention is a decorative mosaic covering the elevation of Julius Kindermann's palace, one of the prominent entrepreneurs of old Łódź, at 137/139 Piotrkowska street. The mosaic was made according to Hans Alois Schram's drawings, a painter ornamenting great buildings of Vienna Ring with his works of art, and it was performed by a, known all over Europe, Venetian workshop of Andrei Salvati. The composition presents cotton trade in an allegorical way.

MOSAIK DES JULIUS-KINDERMANN -PALASTES

Ein farbenfroher die Aufmerksamkeit der Fußgänger anziehender Akzent an der Piotrkowskastr. 137/139 ist das dekorative Mosaik an der Fassade des Palastes von Julius Kindermann, einem der bedeutenden Unternehmer des alten Łódź. Es entstand 1909 nach den Zeichenkartons vom Maler Hans Alois Schramm, der mit seinen Gemälden große Bauwerke des Wiener Rings verzierte. Das Mosaik wurde von der in ganz Europa bekannten Andrea-Salviatti-Werkstatt ausgeführt. Die Komposition zeigt den Baumwollhandel auf allegorische Weise.

PIOTRKOWSKA U ZBIEGU
Z UL. F. D. ROOSEVELTA

Ten odcinek ulicy nabrał szczególnego zna-
czenie po wybudowaniu w latach 1880-1884
ewangelicko-augsburskiego kościoła św. Jana
(obecny kościół ojców jezuitów Najświętszego
Serca Jezusa). By stworzyć z nim dogodną
komunikację oraz wyeksponować jego bryłę
wytyczono biegnącą od ul. Piotrkowskiej
krótką ulicę, nazwaną Ewangelicka (ob. ul.
F. D. Roosevelta). Wkrótce u wylotu tej ulicy
wyrosły kamienice o zróznicowanej architekturze. Na pierwszym planie, po lewej
widoczny jest pałac Gustawa Adolfa Kindermanna, wzniesiony w latach 1910-1911
według projektu wiedeńskiego architekta
Karla Seidla.

PIOTRKOWSKA ST. AT THE JUNCTION
OF F. D. ROOSEVELT STREET

This fragment became important after building, in the years 1880-1884, of Evangelical
church of St John (now a Jesuits' church of
the Blessed Jesus Heart). In order to create
a convenient transport and to display a mass
of the church, a short street, then Evangelic,
now Roosevelt's, was marked out.
Soon, at the exit of this street, buildings of
various architecture appeared. In the foreground, on the left, you can see Gustav
Adolf Kindermann's palace, erected in the
years 1910-1911, according to the design of a
Vienna architect Carl Seidl.

PIOTRKOWSKASTR. AM ZUSAMMENLAUFEN
MIT F.-D.-ROOSEVELTSTR.

Dieser Straßenabschnitt gewann nach der
Errichtung der evang.-augsburgischen Johanneskirche in den Jahren 1880-1884 an Bedeutung (heute Jesuiten-Herz-Jesu-Kirche). Um
eine bequeme Zufahrt zur Kirche zu schaffen
und ihren Baukörper zu exponieren, wurde
von der Piotrkowskastraße eine kurze Straße
durchbrochen. Sie bekam den Namen Ewan-
gelickastr. (heute F.-D.-Roosevelt-Str.). Links,
im Vordergrund sieht man den nach dem
Entwurf des Wiener Architekten Karl Siedl
errichteten Gustav-Adolf-Kindermann-Palast.

PAŁAC ROBERTA SCHWEIKERTA

Przy południowym, rzadziej zabudowanym odcinku ulicy Piotrkowskiej (nr 262/264) w latach 1910-1912 stanął pałac przedsiębiorcy Roberta Schweikerta. Wyróżnia się on swoim usytuowaniem – cofnięty od ulicy otrzymał typową dla sztuki francuskiej kompozycję entre court et jardin z dziedzińcem honorowym, ujętym oficynami, od frontu i osiowo zakomponowanym ogrodem z tyłu. Elegancka architektura gmachu nawiązuje do form barokowych w interpretacji klasycyzującej, a wyróżnia się on także wysmakowanym wystrojem wnętrz.
W starannie odnowionym budynku mieści się od 1993 r. Instytut Europejski prowadzący wszechstronne działania na rzecz integracji europejskiej.

ROBERT SCHWEIKERT'S SQUARE

At the southern, less developed part of Piotrkowska street (numbers 262/264), in the years 1910-1912 a palace of Robert Schweikert, an entrepreneur, was erected. The building is distinguished by its location – moved back from the street, it obtained a typical for French art composition entre court et jardin with a honourable courtyard enclosed by outbuildings from the front and axially designed back garden. Elegant architecture refers to Baroque forms in Classic interpretation, and it is also distinguished by sophisticated interior design. In this carefully renovated building the European Institute, running comprehensive activities for European integrity, has its seat.

ROBERT-SCHWEIKERT-PALAST

An dem lose bebauten südlichen Abschnitt der Piotrkowskastraße (Nr. 262/264) entstand in den Jahren 1910-1912 der Palast des Unternehmers Robert Schweikert. Er zeichnet sich mit seiner Situierung aus. Von der Straße zurückgestellt, bekam er eine für die französische Kunst charakteristische Komposition entre court et jardin vorn mit dem von Seitenhäusern erfassten Ehrenhof und hinten dem axial komponierten Garten. Die elegante Architektur des Bauwerks knüpft an die Barockformen in der klassizisierenden Interpretation an. Es zeichnet sich auch durch eine geschmackvolle Ausschmückung der Innenräume. In dem sorgfältig erneuerten Gebäude befindet sich seit 1993 das Europäische Institut, das allseitige Tätigkeit für die europäische Integration führt.

PAŁAC IZRAELA KALMANOWICZA POZNAŃSKIEGO

Najbardziej efektowna rezydencja fabrykancka Łodzi. Powstawała w kilku fazach od roku 1888 do 1903, a udział w jej realizacji mieli architekci zatrudnieni w zakładach Poznańskiego: Juliusz Jung, Dawid Rosenthal i prawdopodobnie także Adolf Zeligson. Architektura nawiązuje do wzorów francuskich – spokojniejsza, neorenesansowa od strony ul. Zachodniej i ruchliwa, neobarokowa, nawiązująca do „stylu II Cesarstwa" w głównej części przy ul. Ogrodowej. Gmach mieści obecnie Muzeum Historii Miasta. Chyba żadna fotografia do tej pory nie pokazała fasady pałacu w sposób tak niezwykły, wydobywający jej urodę w całej krasie.

ISRAEL KALMANOWICZ POZNANSKI'S PALACE

The most attractive industrialist's residence in Łódź. It was being developed in a few stages from 1888 to 1903, and architects employed in Poznanski's factory took part in this enterprise: Julius Jung, David Rosenthal and probably also Adolf Zeligson. The architecture refers to French patterns – more peaceful, neo- Renaissance from Zachodnia (West) street, and busy, neo-Baroque, referring to "Second Empire style" in the main part at Ogrodowa street. The building houses now the Museum Of the City History. Probably no picture up till now has shown the palace façade in such an unusual way, conveying its beauty at its best.

ISRAEL-KALMANOWICZ-POZNAŃSKI -PALAST

Die wirkungsvollste Fabrikantenresidenz in Łódź. Sie entstand in einigen Phasen von 1888 bis 1903, an ihrer Realisierung waren die in den Poznański-Werken beschäftigten Architekten tätig – Julius Jung, Dawid Rosenthal und wahrscheinlich auch Adolf Zeligson. Die Architektur knüpft an die französischen Vorbilder an – ruhiger von der Zachodniastr., im Neurenaissancestil gehalten, belebter im Hauptteil an der Ogrodowastr., an den Stil des zweiten Kaiserreichs anknüpfend. Im Gebäude befindet sich zur Zeit das Museum für die Stadtgeschichte. Keine Fotografie zeigte bis heute die Palastfassade auf so ungewöhnliche ihre Schönheit in voller Pracht unterstreichende Weise.

KLATKA SCHODOWA PAŁACU I. K. POZNAŃSKIEGO

Pałac wypełniły efektowne, reprezentacyjne wnętrza. Wielki hall i klatka schodowa nawiązują do wzorców sztuki barokowej – paradne schody wiodą na piętro, które obiega galeria prowadząca do głównych sal, a wieńczy szklany świetlik. W wystroju obok form historycznych odnajdujemy elementy secesyjne, a także motywy współczesne wprowadzone w trakcie przeprowadzonej w latach siedemdziesiątych XX wieku adaptacji budynku na cele muzealne.

STAIRCASE IN I.K. POZNANSKI'S PALACE

The palace is filled with fine, stately interiors. A big hall and a staircase refer to Baroque art patterns- stunning stairs lead to the floor which is enclosed by a gallery heading to main rooms, and all those are topped by a glass skylight. In the décor you can find Secession elements together with historic forms, and also contemporary motives introduced during the building conversion into a museum carried in the seventies of the 20th century

DAS TREPPENHAUS DES I.-K.- POZNAŃSKI-PALASTES

Den Palast füllten repräsentative effektvolle Innenräume aus. Der große Hall und das Treppenhaus knüpfen an die Vorbilder des Barocks an - die Haupttreppe führt in das Obergeschoss, das eine in die Hauptsäle führende Galerie umläuft und ein gläsernes Oberlicht krönt. In der Ausschmückung finden wir neben den historischen Formen Sezessionselemente und auch gegenwärtige Motive, die bei den in den 70ger Jahren des 20. Jh. durchgeführten Anpassungsarbeiten für Museumszwecke eingeführt waren.

SALA BALOWA PAŁACU I. K. POZNAŃSKIEGO

Sala balowa, obecnie określana jako „lustrzana", to obok ukazanej na jednym z następnych zdjęć jadalni (s. 42-43), najwspanialsze wnętrze fabrykanckiej rezydencji. Oryginalny neobarokowy wystrój wzbogaciły nowe akcenty plastyczne, jakie wprowadzono w trakcie renowacji sali prowadzonej od 1975 r. Wcześniej niemieccy okupanci w czasie drugiej wojny światowej podzielili ją w barbarzyński sposób na dwie kondygnacje. W swoim obecnym kształcie pełni ważną funkcję w kulturalnym życiu Łodzi. Jest miejscem wielu pięknych koncertów muzycznych, konferencji i spotkań naukowych.

A BALLROOM IN I. K. POZNANSKI'S PALACE

A ballroom, now defined as "mirrored", is the most magnificent interior of the industrialist's residence, together with a dining room shown in one of the next pictures (p.42-43).The original, neo-Baroque décor was enriched by new artistic elements introduced during the renovation of the hall conducted from 1975. Earlier, during the Second World War German occupants divided it barbarically into two storeys. In its current shape the palace plays a very important role in the cultural life of the city. It is a place of a lot of beautiful music concerts, conferences and scientific meetings.

DER BALLSAAL IM I.-K.- POZNAŃSKI-PALAST

Der Ballsaal, jetzt „Spiegelsaal" genannt ist neben dem auf einem der nächsten Bilder gezeigten Speisesaal (S. 42-43) der prächtigste Innenraum der Fabrikantenresidenz. Die originelle Neubarockausschmückung wurde mit neuen plastischen Akzenten bereichert die während der seit 1975 geführten Renovierung des Saals eingeführt wurden. Früher wurde er von den deutschen Besatzern auf barbarische Weise in zwei Geschosse geteilt. In seiner jetzigen Gestalt spielt er eine wichtige Rolle im kulturellen Leben von Łódź. Er ist die Stätte für viele Konzerte, Konferenzen und wissenschaftliche Treffen.

PAŁAC I. K. POZNAŃSKIEGO – WNĘTRZA

Także boczna, przeznaczona do użytku domowników klatka schodowa otrzymała dekoracyjny wystrój, utrzymany w lekkich formach rokokowych. Pokoje mieszkalne mieściły się w skrzydle od strony ul. Zachodniej. W kilku z nich odtworzono pierwotny wystrój. Pomieszczenia te są dość mroczne, wypełniają je ozdobne ale masywne w swojej formie meble, okna przesłaniają pluszowe kotary. Jest to zgodne z przekazami ikonograficznymi ukazującymi dziewiętnastowieczne wnętrza – przeładowane meblami i różnego rodzaju sprzętami, „duszne" w swoim nastroju.

I.K. POZNANSKI'S PALACE – INTERIORS

Even the side staircase earmarked for household members obtained an ornamented design maintained in light Rococo forms. Residential rooms were located in the wing from Zachodnia street. In some of them an original décor is reconstructed. These rooms are pretty dark, filled with decorative but bulky in its form furniture, the windows are darkened by plush curtains. It is in harmony with iconographic sources showing 19th century interiors – crammed with furniture and different kinds of devices, "stuffy" in its atmosphere.

I.-K.- POZNAŃSKI-PALAST – INNENRÄUME

Das für das Hauspersonal bestimmte Nebentreppenhaus bekam auch eine dekorative Ausschmückung in leichter Rokokoform. Die Wohnzimmer befanden sich im Flügel von der Zachodniastraße. In einigen von ihnen wurde ursprüngliche Ausschmückung wiederhergestellt. Diese Räume sind recht finster, sie enthalten verzierte massive Möbel, die Fenster sind mit Plüschvorhängen verhängt. Alles stimmt mit den ikonographischen Überlieferungen überein, die Innenräume aus dem 19. Jh. zeigen – mit Möbeln und verschiedener Art Geräten überladen, „in drückender Stimmung".

PAŁAC KAROLA SCHEIBLERA

Choć Karol Scheibler był najbogatszym fabrykantem Łodzi jego siedziba nie przytłacza wielkością. Stosunkowo kameralny obiekt powstał w kilku fazach, a ostateczny kształt nadał mu w latach 1884-1886 warszawski architekt Edward Lilpop. Usytuowana asymetrycznie, niezbyt wysoka wieża, nawiązuje do form architektury toskańskiej, a w elewacji ogrodowej znajdujemy pełen wdzięku ryzalit z tarasem na wysokości piętra zdobiony motywem herm. W budynku mieści się obecnie Muzeum Kinematografii ukazujące bogate tradycje filmowe Łodzi.

KAROL SCHEIBLER'S PALACE

Even though Karol Scheibler was the richest manufacturer in Łódź, his seat does not overwhelm with magnitude. This relatively cosy object was being developed in several stages, and the final touch was given by a Warsaw architect Edward Lilpop in 1884-1886. Not a very high tower, situated asymmetrically, refers to Tuscany architecture forms, and in the garden elevation you can find a charming rysalite with a terrace on the storey height ornamented with helmet motive. Nowadays the palace is the seat of the Cinematography Museum displaying rich film traditions of the city.

KARL-SCHEIBLER-PALAST

Obwohl Karl Scheibler der reichste Fabrikant in Łódź war, drückt sein Sitz nicht mit der Größe nieder. Das verhältnismäßig kleine Objekt entstand in einigen Phasen, die letztere Gestalt gab ihm der Warschauer Architekt Eduard Lilpop in den Jahren 1884-1886. Der asymmetrisch situierte nicht sehr hohe Turm knüpft an die Formen Toskaner Architektur an, in der Gartenfassade finden wir einen reizvollen Risalit mit der Hermen geschmückten Terasse im Obergeschoss. Im Gebäude befindet sich jetzt das Museum für Kinematographie, das reiche Lodzer Filmtraditionen zeigt.

WNĘTRZA PAŁACU KAROLA SCHEIBLERA

Wnętrza pałacu Karola Scheiblera nie epatują wielkością ale zadziwiają niezwykle bogatym wystrojem. Dębowe boazerie, dekoracyjne stropy, piece i kominki tworzą nastrój pełen ciepła i przytulności, w którym unika się pompatyczności, tak znamiennej dla pałacu I. K. Poznańskiego. W widocznym na zdjęciu salonie dostrzegamy w głębi kominek zdobiony mozaiką z postacią Cyganki, wykonaną przez znany w Łodzi także z innych realizacji wenecki warsztat Andrei Salviatiego.

INTERIORS OF KAROL SCHEIBLER'S PALACE

Interiors of Karol Scheibler's palace do not shock with magnitude but they do amaze with an extremely rich décor. Oak panelling, decorative ceilings, ovens and fireplaces create an aura full of warmth and cosiness, where you avoid pompous décor so characteristic for Poznanski's palace. In the living room, visible in the picture, you can notice a fireplace in the background which is decorated with the mosaic with a gipsy woman motive, the work made by a well known in Łódź Venetian workshop of Andrei Salvati, famous for many other realisations.

INNENRÄUME DES KARL-SCHEIBLER-PALASTES

Die Innenräume des K.-Scheibler-Palastes überraschen nicht mit der Größe, sondern mit der ungewöhnlich reichen Ausschmückung. Wandbekleidungen aus Eichenholz, dekorative Decken, Öfen und Kamine bilden eine warme und behagliche Stimmung ohne den für den I.-K.-Poznański-Palast so charakteristischen Pomp. In dem auf dem Bild sichtbaren Salon bemerken wir ein mosaikgeziertes Kamin mit einer Ziegeuneringestalt darauf, ausgeführt von der venezianischen Andrea-Salviati-Werkstatt, auch von anderen Realisierungen in Łódź bekannt.

PLAFON W PAŁACU KAROLA SCHEIBLERA

Wystrój fabrykanckich pałaców i willi wykonywali artyści i rzemieślnicy z różnych ośrodków – zarówno miejscowi, jak i warszawscy, ale także pochodzący z innych krajów. Często pozostają nieznani. Szczęśliwie na dekoracjach malarskich zdobiących pałac K. Scheiblera zachowały się sygnatury ich twórców: dzieła na stropie sali baletowej wykonał francuski akademik Alcide T. Robaudi. Widoczny na zdjęciu plafon przedstawia alegorie sztuk pięknych: architektury, malarstwa, rzeźby.

A PLAFOND IN KAROL SCHEIBLER'S PALACE

The design of industrialists' palaces and villas was made by artists and craftsmen from different centres – both local and Warsaw, but also from different countries. They remain unknown in most cases. Fortunately, on a painting decorations ornamenting K. Scheibler's palace, a signature of their author preserved: the works of art on the ballroom ceiling were made by a French academic, Alcide T. Robaudi. The plafond visible in the picture presents allegories of fine arts: architecture, painting, sculpture.

DER PLAFOND IM KARL-SCHEIBLER-PALAST

Die Ausschmückung der Fabrikantenpaläste und Villen führten Künstler und Handwerker aus verschiedenen Orten aus, sowohl hiesige und Warschauer als auch aus anderen Ländern kommende. Sie bleiben oft anonym. An den Malerdekorationen im Karl-Scheibler-Palast blieb glücklicherweise die Signatur ihrer Schöpfer erhalten. Die Malereien an der Decke des Ballsaals führte der französische Akademiker Alcide T. Rabaudi aus. Der auf dem Bild sichtbare Plafond stellt Allegorien der schönen Künste dar, Architektur, Malerei und Skulptur.

WILLA LEOPOLDA KINDERMANNA PRZY
UL. WÓLCZAŃSKIEJ 31/33

Budowla uchodząca za perłę architektury
secesyjnej Łodzi. Wzniesiona została w latach
1902-1903 przez najwybitniejszego przedsta-
wiciela tego stylu w łódzkiej sztuce Gustawa
Landau-Gutentegera. Na urozmaiconą bryłę
nałożona została bogata dekoracja roślinna
uzupełniona motywami zwierzęcymi, a także
zaskakującą figurą krasnala-atlanta
dźwigającego naroże budynku. Również
wnętrza otrzymały pełen wdzięku wystrój
z dekoracją sztukatorską i witrażami.

LEOPOLD KINDERMANN'S VILLA AT 31/33
WÓLCZAŃSKA STREET

The building is considered a gem of Secession architecture in Łódź. It was built in
1902-1903 by the most distinguished repre-
sentative of this style in Łódź art – Gustav
Landau-Gutenteger. A rich floral decoration
completed with animal motives was put on
a varied mass, together with an astonishing
figure of a dwarf – atlas supporting building
corner. The interiors, too, obtained charming
décor with stucco decoration and stained-
glass windows.

LEOPOLD-KINDERMANN-VILLA AN DER
WÓLCZAŃSKASTR. 31/33

Das als Perle der Sezessionsarchitektur in
Łódź geltende Bauwerk wurde in den Jahren
1902-1903 von Gustav Landau-Gutenteger,
dem bedeutendsten Vertreter dieses Stills in
Łódź erbaut. Auf den abwechslungsreichen
Baukörper wurde eine reiche Pflanzenauss-
chmückung aufgesetzt, mit Tiermotiven und
einer überraschenden Figur des das Hauseck
tragenden Zwergatlanten ergänzt. Die Innenräume erhielten auch eine reizvolle Ausschmückung mit Stuckdekor und Glasfenstern.

WILLA REINHOLDA RICHTERA PRZY UL. KS. I. SKOPRUPKI 6/8

Najbardziej malownicza z łódzkich willi fabrykanckich, zaskakująca swoją efektowną formą nawiązującą do motywów renesansu niemieckiego. Odznacza się także wnętrzami o zróżnicowanym wystroju. Uroku dodaje jej położenie pośród rozległego, swobodnie zakomponowanego parku, w którym znajduje się inna willa o pięknym kształcie – wybudowana w 1899 r. przez brata Reinholda, Józefa. Oglądany obiekt, zaprojektowany w 1904 r., to jedna z wielu łódzkich budowli, której autorstwa nie udało się dotychczas ustalić.

REINHOLD RICHTER VILLA AT 6/8 I. SKORUPKI STREET

The most picturesque of Łódź factory owners' villas, surprising due to its attractive form referring to German Renaissance. It is also distinguished by interiors of varied décor. More charm is added by its location among vast, freely composed park where there is also another villa of a beautiful shape – built in 1899 by Reinhold's brother, Joseph. The object, designed in 1904, is one of many Łódź buildings the authors of which are still unknown.

REINHOLD-RICHTER-VILLA AN DER KS.-I.-SKORUPKA – STR. 6/8

Die malerischste aller Fabrikantenvillen in Łódź überrascht mit ihrer an Motive der deutschen Renaissance anknüpfenden effektvollen Form. Sie zeichnet sich auch durch Innenräume mit unterschiedlich gestalteter Ausschmückung aus. Ihre Anmut ergänzt auch die Situierung in einem freikomponierten großen Park, wo sich eine andere schöne Villa befindet. Diese wurde vom Reinhold Bruder Josef 1899 erbaut. Das zu sehende Objekt – 1904 entworfen – ist eines der vielen Lodzer Bauwerke, deren Autorschaft bis jetzt nicht festgelegt wurde.

BRAMA FABRYKI LUDWIKA GEYERA

Uważny obserwator spacerując po mieście, po ulicach, bramach, podwórkach, dostrzeże wiele interesujących, niekiedy zaskakujących detali. W niektórych bramach zachowały się szczęśliwie żeliwne odbojniki o formie krasnali trzymających tarcze. Oglądany na zdjęciu strzeże bramy wjazdowej do najstarszej zachowanej w Łodzi fabryki wybudowanej w latach 1835-1837 przez Ludwika Geyera.

THE GATE OF LUDWIK GEYER'S FACTORY

A careful observer walking around the city, streets, gateways and courtyards, can notice a lot of interesting, sometimes astonishing details. In some gateways some cast-iron bumper posts preserved fortunately in the form of dwarfs holding shields. The one in the picture guards the entrance gate to the oldest preserved in Łódź, factory built in 1835-183 by Ludwik Geyer.

DER TOR DER LUDWIG-GEYER-FABRIK

Der aufmerksame Beobachter bemerkt bei einem Rundgang durch Straßen, Tore und Haushöfe viele interessante manchmal überraschende Details. In manchen Toren blieben glücklicherweise gusseiserne Toranschläger in Gestalt Schild tragender Zwerge erhalten. Der auf dem Bild dargestellte schützt das Einfahrtstor zur ältesten erhalten gebliebenen Fabrik in Łódź – in den Jahren 1835-1837 von Ludwig Geyer erbaut.

POŁUDNIOWY ODCINEK UL. PIOTRKOWSKIEJ – FABRYKA LUDWIKA GEYERA

Południowa część ul. Piotrkowskiej od początku przybrała charakter przemysłowy, a jej zabudowa zdominowana została przez rozciągający się po obu stronach wielki kompleks fabryki Ludwika Geyera. Jej pierwszy element stanowił gmach wybudowany w latach 1835-1837, nazwany „Białą fabryką" - widoczną za stawem – mieszczący obecnie Centralne Muzeum Włókiennictwa. W jego wnętrzu wyeksponowane są stare maszyny włókiennicze (zob. il. na s. 58-59). Dominantę tego odcinka Piotrkowskiej od początku XX wieku tworzą widoczne w głębi dwie wyniosłe bryły świątyń: ewangelicko-augsburskiej św. Mateusza i katolickiej archikatedry św. Stanisława Kostki.

SOUTHERN UNIT OF PIOTRKOWSKA – LUDWIK GEYER'S FACTORY

Since the very beginning southern part of Piotrkowska street has taken on an industrial character, and its development has been dominated by a huge industrial complex of Ludwik Geyer's factory stretching on both sides of the street. Its first element constituted a building erected in 1835-1837 called a "White Factory" – it is visible behind the pond – now the Central Museum of Textile. In its interiors the old textile machinery is displayed.(see the picture on p. 58-59). Since the beginning of the 20th century the dominant feature of this section has been created by, visible in the background, two stately masses of temples: Evangelical church of St Mathew and Catholic metropolitan church of St Stanislaw Kostka.

DER SÜDABSCHNITT DER PIOTRKOWSKASTRASSE – LUDWIG-GEYER-FABRIK

Der südliche Teil der Piotrkowskastraße trug vom Anfang an den industriellen Charakter, seine Bebauung wurde von dem auf beiden Seiten liegenden großen Komplex der Ludwig-Geyer-Fabrik dominiert. Ihr erstes Element bildete das in den Jahren 1835-1837 gebaute Gebäude – „Weiße Fabrik" genannt – hinter dem Teich sichtbar, hier befindet sich das Zentrale Textilmuseum. In seinen Innenräumen sind alte Textilmaschinen ausgestellt (vgl. Bild S. 58-59). Die Dominante dieses Abschnitts bilden seit Anfang des 20. Jh. zwei im Hintergrund sichtbare hohe Kirchenbaukörper, die evang.-augsburgische Matthiaskirche und die katholische Hl.-Stanisław-Kostka-Erzkathedrale.

FABRYKA LUDWIKA GEYERA
– GABINET FABRYKANTA

W wnętrzach dawnej fabryki Ludwika Geyera, obecnego Centralnego Muzeum Włókiennictwa, do ciekawych miejsc należy pomieszczenie, które jest próbą odtworzenia atmosfery gabinetu fabrykanckiego z końca XIX wieku. Znajdujemy tu stylowe, ciężkie meble o charakterystycznych dla tego czasu historycznych formach, dywany, pluszowe kotary, efektowny żyrandol. Tworzą one klimat zamożności i solidności.

LUDWIK GEYER'S FACTORY
– AN INDUSTRIALIST'S STUDIO

In the interiors of a former Ludwik Geyer's factory, now the Central Museum of Textile, you can find a very interesting place which is a kind if attempt of recreating the atmosphere of an industrialist's studio from the late 19th century. You can find here heavy furniture characteristic for this historical forms, carpets, plush curtains, an impressive chandelier. They create the climate of wealth and security.

LUDWIG-GEYER-FABRIK
– ARBEITSZIMMER DES FABRIKANTEN

In den Innenräumen der ehemaligen L.-Geyer-Fabrik, des heutigen Zentralen Textilmuseums ist ein Raum interessant, der versucht, die Atmosphäre des Fabrikantenarbeitszimmers vom Ende des 19. Jh. wiederherzustellen. Wir finden hier stilvolle schwere Möbel in für die Epoche charakteristischen historischen Formen, Teppiche, Plüschvorhänge, einen effektvollen Kronleuchter. Sie schaffen die Stimmung des Wohlstands und der Zuverlässigkeit.

STARE FABRYKI ŁODZI

Architektura gmachów fabrycznych w dużej mierze decydowała o obrazie dawnej Łodzi. Upadek przemysłu włókienniczego i przemiany jakie dokonały się w ciągu ostatnich kilkunastu lat sprawiły, że już w niewielu miejscach zachował się charakterystyczny krajobraz dawnych łódzkich fabryk. Jednym z takich oryginalnych fragmentów z typową ceglaną architekturą i zachowaną skomplikowaną infrastrukturą, jest część zakładów K. Scheiblera wybudowana w sąsiedztwie zabytkowego, pochodzącego z 1828 roku „Bielnika Kopischa", widocznego na jednym z kolejnych zdjęć.

OLD ŁÓDŹ FACTORIES

Factory buildings architecture decided on the image of old Łódź to a great extent. Failure of textile industry and transformations taking place during the last few years resulted in gradual vanishing of traditional landscape of old Łódź factories. One of the rare indigenous fragment with a typical brick architecture and genuine complicated infrastructure is the part of K. Scheibler's Plants built in the neighbourhood of a historical, dating back to 1828, "Kopisch Bleaching House" visible in one of the subsequent pictures.

ALTE LODZER FABRIKEN

Die Architektur der Fabrikgebäude entschied im hohen Maße über das Bild des alten Łódź. Der Verfall der Textilindustrie und die Verwandlungen einiger letzter Jahre hatten zur Folge, dass nur in wenigen Stellen die charakteristische Landschaft alter Lodzer Fabriken erhalten blieb. Eines dieser Fragmente mit der typischen Ziegelsteinarchitektur und der aufbewahrten komplizierten Infrastruktur ist der Teil der Karl-Scheibler-Werke, der in der Nachbarschaft des historischen „Kopisch-Bleichwerk" vom 1828 gebaut wurde (gezeigt auf einem der folgenden Bilder).

SCHEIBLEROWSKA ELEKTROWNIA

Budynek elektrowni zakładów K. Scheiblera wybudowany został w 1910 r. przez inżyniera Alfreda Frischa. To najlepszy w Łodzi przykład budownictwa przemysłowego początku XX wieku. Nowoczesna żelbetowa konstrukcja, pozwoliła nadać obiektowi ciekawy kształt i zastosować duże okna dobrze doświetlające jego wnętrze, do którego wprowadzony został wystrój utrzymany w duchu secesyjnym. Główna halę wypełniają wielkie turbiny produkcji znanej niemieckiej formy AEG. Obecnie nieczynna już elektrownia wykorzystywana jest jako sala do wspinaczek.

SCHEIBLER'S POWER STATION

K. Scheibler's power station was built in 1910 by an engineer Alfred Frisch. It is the best in Łódź example of industrial construction from the beginning of the 20th century. Modern, reinforced concrete allowed for giving the object a curious shape and, using big windows, to make the interiors bright – the décor inside is in the Secession style. The main hall is filled with immense turbines produced by a well known German company AEG. Now the closed power station is used as a climbing wall hall.

DAS KRAFTWERK DER SCHEIBLERWERKE

Das Kraftwerkgebäude der K.-Scheibler-Werke wurde 1910 vom Ingenieur Alfred Frisch gebaut. Das ist das beste Beispiel des Industriebaus vom Anfang des 20. Jh. im Łódź. Die moderne Stahlbetonkonstruktion ließ dem Objekt eine interessante Form geben und den Innenraum bekam eine im Geist der Sezession gehaltene Ausschmückung. Die Haupthalle füllen große Turbinen der bekannten deutschen Firma AEG aus. Das zur Zeit nicht mehr tätige Kraftwerk wird als Klimmwand ausgenutzt.

REMIZA STRAŻACKA
ZAKŁADÓW K. SCHEIBLERA

Remiza strażacka, wzniesiona w 1894 r.,
jest jednym z ciekawych elementów zespołu
przemysłowego Księżego Młyna. Wielcy
fabrykanci tworzyli własne straże ogniowe
by chronić swoje budowle przed częstym
w XIX wieku pożarami, ale w razie potrzeby
wspomagać także gaszenie pożarów
w mieście. Oglądany budynek pełni obecnie
funkcje biurowe, a jego adaptacja do
współczesnych potrzeb uznawana jest
powszechnie za wzorcową.

FIRE STATION IN
K. SCHEIBLER'S FACTORY

The fire station, built in 1894, is one of
the most fascinating elements of the industrial complex called Priest's Mill. Industrial
tycoons created their own fire brigades to
protect their buildings against fires, quite
often in the 19th century, and to support
to fight fires in the city. The building now
serves as an office complex and its conversion
to contemporary needs is commonly highly
appreciated as being model.

DIE FEUERWEHRREMISE
DER K.-SCHEIBLER-WERKE

Die 1894 errichtete Feuerwehrremise ist eines
der interessantesten Elemente des Industrieensembles Księży Młyn. Große Fabrikanten schufen eigene Feuerwehr, um ihre
Gebäude vor den im 19. Jh. häufigen Bränden
zu schützen und falls notwendig auch beim
Feuerlöschen in der Stadt zu helfen. Das
gezeigte Gebäude erfüllt jetzt Bürofunk-
tionen, seine Anpassung an die gegenwärtigen Bedürfnisse ist im allgemeinen für
vorbildlich gehalten.

OSIEDLE KSIĘŻY MŁYN

Tworząc w latach siedemdziesiątych XIX wieku zespół przemysłowy na Księżym Młynie Karol Scheibler pamiętał również o zapewnieniu swoim robotnikom odpowiednich warunków mieszkaniowych – ważny element tego założenia tworzy regularnie rozplanowane osiedle mieszkaniowe składające się z 18 piętrowych domów. Uzupełniły je widoczne na pierwszym planie budynki służące tej małej społeczności: szkoła, kantyna robotnicza, konsumy (sklep przyfabryczny).

PRIEST'S MILL HOUSING DISTRICT

In the seventies of the 19th century, while developing an industrial complex on Priest's Mill, Karol Scheibler remembered also to provide his workers with suitable housing conditions – an essential element of this assumption creates regularly planned housing district comprising 18 multi-storey buildings. They were then supplemented with buildings serving this small community: a school, workers' canteen, factory outlet (visible in the foreground).

DIE WOHNSIEDLUNG KSIĘŻY MŁYN

Beim Errichten des Industrieensembles in Księży Młyn in den 70ger Jahren dachte Karl Scheibler auch an die Sicherung entsprechender Wohnbedingungen für seine Arbeiter. Ein wichtiges Element dieser Gründung bildet die regelmäßig geplante Wohnsiedlung mit 18 mehrgeschössigen Häusern. Sie wurden von den im Vordergrund sichtbaren dieser kleinen Gemeinschaft dienenden Gebäuden ergänzt: Schule, Arbeiterkantine, Konsum (Fabrikgeschäft).

FABRYKA I. K. POZNAŃSKIEGO PRZY UL. OGRODOWEJ („MANUFAKTURA")

Niedługo po tym, gdy Karol Scheibler rozpoczął budowę swojego imperium na Księżym Młynie, na przeciwległym, północno-zachodnim krańcu miasta swoje zakłady zaczął wznosić Izrael K. Poznański. Gmach jego przędzalni, w swojej pierwotnej formie powstały w latach 1876-1877, z towarzyszącą mu bramą wjazdową, to z pewnością najciekawszy przykład architektury fabrycznej Łodzi. Obecnie to wielkie centrum handlowo-rozrywkowe „Manufaktura", do którego prowadzi wspaniała brama.

ISRAEL K. POZNANSKI'S FACTORY AT OGRODOWA STREET ("MANUFAKTURA")

Not long after Karol Scheibler had started to build his empire on Priest's Mill, Israel Poznanski began to erect his factories on the opposite, north-west part of the city. The building of his spinning of, in its original form developed in 1876-1877, together with the accompanying entrance gate, is, probably, the most interesting example of Łódź factory architecture. Now it is a huge shopping and amuswment centre "Manufaktura" with a magnificent gate.

ISRAEL-KALMANOWICZ-POZNAŃSKI-FABRIK AN DER OGRODOWASTRAßE (MANUFAKTUR)

Unlängst danach, als Karl Scheibler den Bau seines Imperiums in Księży Młyn begonnen hatte, fing Israel Poznański an, am gegenüberliegenden Nordwestende der Stadt seine Werke zu bauen. Das in seiner ursprünglichen Form in den Jahren 1876-1877 entstandene Spinnereigebäude mit dem begleitenden Einfahrtstor ist sicher das interessanteste Beispiel der Fabrikarchitektur in Łódź. Hier befindet sich jetzt das große Handels- und Unterhaltungszentrum „die Manufaktur", wohin das prachtvolle Tor führt.

BAZYLIKA ARCHIKATEDRALNA ŚW. STANISŁAWA KOSTKI

Największa świątynia miasta dominuje nad placem Jana Pawła II i południowym odcinkiem ul. Piotrkowskiej. To dzieło prawdziwie kosmopolityczne. Budowano ją w latach 1901-1912 według planów łódzkiej firmy „Wende i Zarske" i architekta Emila Zillmanna z Berlina, zmodyfikowanych przez Józefa Dziekońskiego z Warszawy i Siegfrieda Sterna z Wiednia. Wieża ukończona została dopiero w 1927 r. przez Józefa Kabana. Powstało jednak dzieło spójne, prezentujące formy dojrzałego gotyku francuskiego i niemieckiego. Wieczorne oświetlenia znakomicie wydobywa majestatyczną bryłę budowli. Przed kościołem w 2000 r. stanął pomnik Jana Pawła II autorstwa Krystyny Fołdygi-Solskiej z Krakowa.

METROPOLITAN CHURCH BASILICA OF ST STANISLAW KOSTKA

The largest city temple dominates over the John Paul II Square and the southern section of Piotrkowska street. The church is a truly cosmopolitan work of art. It was being built in the years 1901-1912 according to Łódź company "Wende & Zarskie" project and Emil Zillmann 's from Berlin plans, later modified by Joseph Dziekonski from Warsaw and Siegfried Stern from Vienna. The spire was completed only in 1927 by Joseph Kaban. In spite of all this, a very cohesive work came into existence, presenting forms of mature French and German Gothic. Night lights illuminating the majestic mass building notably add to its beauty. In front of the church you will find a statue of John Paul II by a sculptor Krystyna Foldyga –Solska from Cracow.

DIE ERZKATHEDRALE HL.-STANISŁAW-KOSTKA-BASILIKA

Die größte Kirche der Stadt dominiert über dem Johannes-II-Platz und dem Südteil der Piotrkowskastraße. Sie ist wirklich ein kosmopolitisches Werk. Sie wurde in den Jahren 1901-1912 nach den Plänen der Lodzer Firma „Wende und Zarske" und des Architekten Emil Zillmann aus Berlin gebaut, die von Józef Dziekoński aus Warschau und Siegfried Stern aus Wien modifiziert wurden. Der Turmbau wurde erst im Jahre 1927 von Josef Kaban abgeschlossen. Es entstand jedoch ein kompaktes Werk in Formen der reifen französischen und deutschen Gotik. Die Abendbeleuchtung betont den majestätischen Baukörper vortrefflich. Vor die Kirche wurde im Jahr 2000 das Johannes-Paul-II-Denkmal gestellt, das Werk von Krystyna Fołtyga-Solska.

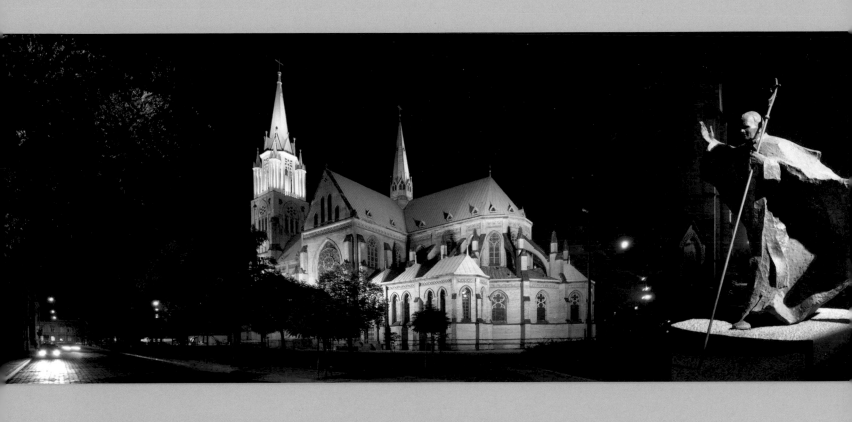

KOŚCIÓŁ OJCÓW JEZUITÓW NAJŚWIĘTSZEGO SERCA JEZUSA

To pierwotnie kościół ewangelicko-augsburski św. Jana Ewangelisty, wybudowany w latach 1880-1884 według projektu Ludwika Schreibera. Jego ceglana neoromańska bryła nawiązuje do form architektury włoskiej, francuskiej i niemieckiej, a bezpośrednio czerpie z rozwiązań budownictwa kościelnego Berlina z drugiej połowy XIX wieku.
By stworzyć odpowiednią perspektywę do podziwiania efektownej trójwieżowej fasady kościoła od ul. Piotrkowskiej przebito krótką ulicę (obecnie F. D. Roosevelta).

FATHERS JESUITS' CHURCH OF THE BLESSED HEART OF JESUS

It was primarily Evangelical church of St John Evangelist, built in 1880-1884 to the Ludwik Schreiber's project. Its brick, neo-Roman mass refers to Italian, French and German architecture forms, and it directly draws on the solutions of Berlin church building from the second half of the 19th century. In order to create a suitable perspective for admiring the attractive three-tower church façade from Piotrkowska a short street was built (now Roosevelt's street).

DIE JESUITEN-HERZ-KIRCHE

Es war ursprünglich die evang.-augsburgische Johanneskirche, in den Jahren 1880-1884 nach dem Entwurf von Ludwig Schreiber gebaut. Ihr neuromanischer Baukörper aus Ziegelstein knüpft an die Formen der italienischen, französischen und deutschen Architektur an. Direkt schöpft er aus den Lösungen des Berliner Kirchenbaus von der 2. Hälfte des 19. Jh. Um die entsprechende Perspektive zur Bewunderung der wirkungsvollen Kirchenfassade mit drei Türmen von der Piotrkowskastraße her zu schaffen, wurde eine kurze Straße durchbrochen (h. F.-D.-Rooseveltstr.).

KOŚCIÓŁ EWANGELICKO-AUGSBURSKI ŚW. MATEUSZA

Spośród trzech kościołów luterańskich dawnej Łodzi tej niewielkiej obecnie społeczności służy obecnie tylko jeden, pod wezwaniem św. Mateusza. Świątynia o masywnych neoromańskich kształtach budowana była – z wojenną przerwą - w latach 1909-1928 na podstawie planów Johannesa Wende, poprawionych w Berlinie przez Franza Schwechtena. Kościół odznacza się pięknym wnętrzem o znakomitej akustyce, dzięki czemu chętnie jest wykorzystywane do koncertów muzycznych, a zdobią je m. in. wspaniałe witraże wrocławskiej firmy Adolpha Seilera.

EVANGELICAL CHURCH OF ST MATTHEW

Among three Protestant churches of old Łódź, only this one, St Matthew, serves to the small community now. The temple of massive neo-Roman shapes was built- except from a war break- in the years 1909-1928 on the basis of Johannes Wende's plans, then corrected in Berlin by Franz Schwechten. The church is distinguished by a beautiful interior and excellent acoustics, and that is why it is used for music concerts. The church is ornamented by, among others, wonderful stained-glass windows from Wroclaw firm of Adolf Seiler.

DIE EVANG.-AUGSBURGISCHE MATTHIASKIRCHE

Von drei lutherischen Kirchen des alten Łódź dient zur Zeit nur eine der heute nicht zahlreichen Gemeinde – die Matthiaskirche. Gebaut wurde diese massive neuromanische Kirche in den Jahren 1909-1928 mit der Unterbrechung während des Krieges – auf Grund des Entwurfs von Johannes Wende, der von Franz Schwechten in Berlin verbessert wurde. Die Kirche zeichnet sich durch einen schönen Innenraum mit vortrefflicher Akustik aus, weswegen sie gern für Konzerte benutzt wird, den Innenraum schmücken prachtvolle Glasfenster der Firma Adolph Seiler aus Wrocław.

KATEDRALNA CERKIEW PRAWOSŁAWNA ŚW. ALEKSANDRA NEWSKIEGO

Zróżnicowanie wyznaniowe mieszkańców dawnej Łodzi znajdowało odbicie w architektonicznym bogactwie form wznoszonych obiektów sakralnych. Wśród nich barwnością bizantyjsko-ruskich motywów wyróżniały się cerkwie kościoła prawosławnego. Cerkiew katedralna św. Aleksandra Newskiego powstała w latach 1880-1884 według projektu łódzkiego architekta miejskiego Hilarego Majewskiego. Ważny element jej wystroju wewnętrznego stanowi ikonostas, który na podstawie rysunków Majewskiego wykonał w Petersburgu włoski mistrz Camilli.

ORTHODOX CATHEDRAL OF ST ALEXANDER NEWSKI

Various religions of old Łódź inhabitants were reflected in architectural richness of sacral objects. Orthodox churches were distinguished by its colourfulness of Byzantine and Russian motives. Orthodox cathedral of St Alexander Newski was erected in the years 1880-1884 according to the project of Łódź city architect Hilary Majewski. The iconostas constitutes an important element of its décor; it was made on the basis of Majewski's drawings by an Italian master Camilli.

RUSSISCH-ORTHODOXE ALEXANDER-NEWSKI-KATHEDRALKIRCHE

Die Konfessionsunterschiede der Einwohner im alten Łódź fanden ihre Wiederspiegelung in den reichen Formen der errichteten sakralen Objekte. Durch die Farbenpracht byzantinisch-russischer Motive zeichneten sich die russisch-orthodoxen Kirchen aus. Die Alexander-Newski-Kathedralkirche entstand in den Jahren 1880-1884 nach dem Entwurf des Lodzer Architekten Hilary Majewski. Das wichtigste Element ihrer Ausschmückung bildet der Ikonostas, den der italienische Meister Camilli in Petersburg nach den Zeichnungen von Majewski ausführte.

WNĘTRZE CERKWI
ŚW. ALEKSANDRA NEWSKIEGO

Wiele zabytkowych świątyń łódzkich
poddawanych jest współcześnie renowacji.
Także i cerkiew św. Aleksandra Newskiego
dzięki przeprowadzonym obecnie pracom
odzyskała swój pierwotny blask. Wnętrze
budowli wypełniają, zgodnie z tradycją
bizantyńską, barwne polichromie i złocenia
oraz ikony wykonane przez malarzy
z petersburskiej pracowni Wasilija Wasiliewa,
mozaiki z włoskiej pracowni Patricciego, jak
i witraże pochodzące z wrocławskiego warsz-
tatu Adolpha Seilera.

THE INTERIOR OF ST ALEXANDER NEWSKI
ORTHODOX CATHEDRAL

A lot of Łódź temples are subjected to contemporary renovation. Thus, the Orthodox
cathedral also regained its original beauty
and glow due to renovating activities. The
interior of the temple is full of colourful
polychrome, in tradition with Byzantine
style, gilding and icons made by painters
from Saint Petersburg workshop of Wasilij
Wasiliew; mosaics from Italian workshop of
Patricci, as well as stained-glass windows
coming from a Wroclaw workshop of Adolf
Seiler.

DER INNENRAUM DER RUSSISCH-ORTHO-
DOXEN ALEXANDER-NEWSKI-KIRCHE

Viele historische Lodzer Kirchen werden zur
Zeit renoviert. Die A.-Newski-Kirche gewann
auch dank den neulich durchgeführten
Arbeiten ihre ursprüngliche Pracht wieder.
Den Innenraum des Bauwerks füllen der
byzantinischen Tradition gemäß farbenfrohe
Polychromien und Goldverzierungen aus,
sowie die von den Malern der Petersburger
Wasilij-Wasiliew-Werkstatt gemalten Ikonen,
Mosaiken aus der italienischen Patricci-Werk-
statt und Glasfenster aus der Adolph-Seiler-
Werkstatt in Wrocław.

SYNAGOGA WOLFA REICHERA

Ważny element architektonicznego krajobrazu dawnej Łodzi tworzyły synagogi. Zniszczyli je w trakcie drugiej wojny światowej niemieccy okupanci. Ocalała tylko jedna – niewielki prywatny dom modlitwy Wolfa Reichera przy obecnej ul. Rewolucji 1905 r. 28, powstały ok. 1900 r. według projektu Gustawa Landau-Gutentegera. Odnowiony w 1989 r. po pożarze prezentuje barwne wnętrze z charakterystycznymi dla synagog elementami: bimą (mównicą), Aron-Hakodesz (szafa na Torę), emporami dla kobiet.

WOLF REICHER SYNAGOGUE

Synagogues used to create an essential element of Łódź architectural landscape. They were destroyed during the Second World War by German occupants. The only one survived – a small private prayer house of Wolf Reicher at now 28 Revolution 1905 street, built about 1900 according to the project of Gustav Landau-Gutenteger. Renovated in 1989 after the fire it now presents a colourful interior with characteristic, for a synagogue, elements: bima (rostrum), Aron-Hakodesz (a wardrobe for Tora), empor for women.

WOLF-REICHER-SYNAGOGE

Ein wichtiges Element der architektonischen Landschaft von Łódź bildeten Synagogen. Während des zweiten Weltkriegs wurden sie von deutschen Besatzern zerstört. Erhalten geblieben ist nur eine – ein kleines privates Gebetshaus von Wolf Reicher an der Revolution-1905-Str. 28 nach dem Entwurf von Gustav Landau-Gutenteger. Es wurde 1989 nach dem Brand erneuert. In seinem farbenfrohen Innenraum gibt es für Synagogen charakteristische Elemente – Bima (Rednerpult), Aron-Hakodesch (Thoraschrank), Emporen für Frauen.

CMENTARZ PRZY UL. OGRODOWEJ

Cmentarze to miejsca szczególne, miejsca pamięci o ludziach, których praca, wysiłek, często danina krwi, tworzą podstawę naszej obecnej codzienności. Najważniejszą nekropolią Łodzi są Stare Cmentarze przy ul. Ogrodowej powstałe na początku drugiej połowy XIX stulecia, złożone z części katolickiej, ewangelickiej i prawosławnej. Znajdujemy tu wiele interesujących pomników i grobowców, często zdobionych charakterystycznymi rzeźbiarskimi akcentami, otoczonych bogatą zielenią.

OLD CEMETERIES AT OGRODOWA STREET

Cemeteries are specific places, places of memory about people whose work, effort, often blood sacrifice create a foundation of our current presence. The most significant necropolis for the city are Old Cemeteries at Ogrodowa street from the beginning of the second half of the 19th century. They consist of Catholic, Evangelical and Orthodox parts. You can find here a lot of exciting monuments and tombs, very often decorated with characteristic sculpture features, surrounded by affluent greenery.

ALTE FRIEDHÖFE AN DER OGRODOWASTRAßE

Friedhöfe sind besondere Stätten, Mahnmale an Menschen, deren Arbeit Mühe, manchmal Blutopfer die Grundlage unseres jetzigen Alltags bilden. Die wichtigste Lodzer Nekropole sind Alte Friedhöfe an der Ogrodowastraße, sie entstanden am Anfang der zweiten Hälfte des 19. Jh. und bestehen aus dem katholischen, evangelischen und russisch-orthodoxen Teil.
Wir finden hier viele interessante Grabmäler und Grüfte, oft mit charakteristischen Bildhauerakzenten vom Grün umgeben.

STARY CMENTARZ EWANGELICKO-AUGSBURSKI

Nad częścią ewangelicką Starych Cmentarzy góruje smukła sylwetka kaplicy-mauzoleum Karola Scheiblera. Wystawiona w latach 1885-1888, według planów warszawskich architektów Edwarda Lilpopa i Józefa Dziekońskiego, budowla miała uczcić postać twórcy największych zakładów włókienniczych w Łodzi, fundatora wielu ważnych dla miasta gmachów i filantropa. Otrzymała pełne finezji ażurowe gotyckie kształty, a jej wnętrze, wraz z kryptą grobową, bogaty wystrój. Zdewastowany w ciągu minionych dziesięcioleci obiekt oczekuje na ratunek.

OLD EVANGELICAL CEMETERY

A slim figure of a chapel – mausoleum of Karol Scheibler overlooks an Evangelic part of Old Cemeteries. It was erected in 1885-1888, according to Warsaw architects' plans, Edward Lilpop and Joseph Dziekonski. The construction was to celebrate the figure of the creator of the largest textile plants in Łódź, a donor, sponsor and founder of many important buildings for the city. The construction obtained a full of sophistication openwork Gothic shapes, and its interior, together with a grave crypt, has a rich décor. It has been devastated during recent years and is looking for rescue.

ALTER EVANGELISCH-AUGSBURGISCHER FRIEDHOF

Über dem evangelischen Teil der Alten Friedhöfe ragt die schlanke Silhouette der Karl-Scheibler-Mausoleumkapelle hervor. Das 1885-1888 nach Plänen der Warschauer Architekten Eduard Lilpop und Józef Dziekoński errichtete Bauwerk sollte die Gestallt des Schöpfers der größten Textilwerke in Łódź, Gründers vieler für die Stadt wichtiger Gebäude und Philantropen Karl Scheibler ehren. Die Kapelle bekam subtile gotische Ajourformen und ihr Innenraum sowie die Grabkrypta eine reiche Ausschmückung. Das während vergangener Jahrzehnte devastierte Objekt wartet auf Rettung.

NOWY CMENTARZ ŻYDOWSKI

Założony w 1892 r. zastąpił stary, znajdujący się niegdyś na obrzeżach Starego Miasta. Uchodzi za największy cmentarz żydowski w Europie. Mimo zniszczeń dokonanych przez hitlerowców czasie drugiej wojny światowej zachowało się tutaj nadal wiele starych nagrobków. Obok tradycyjnych prostych macew znajdujemy tutaj również wiele bardziej ozdobnych pomników, a także wystawne grobowce zamożnych fabrykantów i kupców. Ozdobą nekropolii jest mauzoleum Izraela K. Poznańskiego o oryginalnej formie architektonicznej – widoczne na zdjęciu na następnych stronach.

OLD JEWISH CEMETERY

It was established in 1892 and replaced an older one located on the outskirts of the Old Town. It is considered as the biggest Jewish cemetery in Europe. In spite of devastation caused by Germans during the Second World War, a lot of old tombs remained. Next to traditional simple Jewish plaques (macewa) you can find here also more ornamented monuments and sumptuous tombs of wealthy merchants and industrialists. The real gem of the necropolis is a mausoleum of Israel K. Poznanski, of exceptional architectural form – visible in the pictures on subsequent pages.

NEUER JÜDISCHER FRIEDHOF

1892 gegründet ersetzte er den alten einst am Rande der Altstadt liegenden Friedhof. Er gilt für den größten jüdischen Friedhof in Europa. Trotz von den Hitlerleuten im zweiten Weltkrieg gemachter Zerstörungen blieben hier immer noch viele alte Grabsteine erhalten. Neben den traditionellen einfachen Mazewen finden wir hier auch viele reicher verzierte Grabmale und prachtvolle Grüfte wohlhabender Fabrikanten und Kaufleute. Die Zierde der Metropole ist das Israel-Poznański-Mausoleum mit einer originellen architektonischen Form – auf dem Bild auf den nächsten Seiten sichtbar.

ZIELONA ŁÓDŹ – OGRÓD BOTANICZNY

Choć Łódź kojarzy się głównie z przemysłem i kominami, to obecnie jest to miasto, w którym nie brakuje zieleni. Po drugiej wojnie światowej na zachodnim obrzeżu obecnego Parku im. Józefa Piłsudskiego (dawny Las Miejski a następnie Park Ludowy na Zdrowiu) powstał Ogród Roślin Leczniczych, przekształcony w 1973 r. w Ogród Botaniczny. Na pięknie zakomponowanym terenie o powierzchni ponad 64 hektarów mieszkańcy miasta mogą obejrzeć tysiące roślin, obok bogatej flory rodzimej, także wiele rzadkich i egzotycznych gatunków, m. in. w takich działach jak Ogród Japoński, Alpinarium, Arboretum.

GREEN ŁÓDŹ – BOTANICAL GARDEN

Although Łódź is mainly associated with industry and chimneys, now it is a city where there is not shortage of greenery. After the Second World War on the western edge of Joseph Piłsudski Park (former City Wood and next Folk Park on Zdrowie) a Medicinal Plants Garden came into existence, in 1973 transformed into Botanical Garden. On the splendidly composed area of over 64 hectares, inhabitants can see thousands of plants - both rich native flora and also many rare and exotic species in such sections as Japanese Garden or Alpinarium and Arboretum.

DAS GRÜNE ŁÓDŹ – DER BOTANISCHE GARTEN

Obwohl Łódź hauptsächlich mit Industrie und Schornsteinen verbunden wird, ist es gegenwärtig eine Stadt, wo das Grün nicht fehlt. Nach dem zweiten Weltkrieg entstand der Heilpflanzengarten am Westrand des jetzigen J.-Piłsudski-Parks (früher Stadtwald, dann Volkspark in Zdrowie). 1973 wurde es in den Botanischen Garten umgestaltet. Auf dem schön komponierten Gelände von über 64 ha können die Stadtbewohner Tausende von Pflanzen sehen, neben der reichen Heimatflora auch viele seltene und exotische Gattungen u.a. in solchen Abteilungen wie der Japanische Garten, das Alpinarium und Arboretum.

PALMIARNIA W PARKU ŹRÓDLISKA

Najstarszym parkiem miasta jest Park Źródliska powstały na początku lat czterdziestych XIX wieku – malowniczo zakomponowany, nazywany był początkowo Ogrodem Angielskim. Jego ozdobą jest obecnie Palmiarnia powstała w latach 1998-2003 na miejscu wcześniejszego, mniejszego budynku. W przestronnym, nowoczesnym obiekcie uprawia się obecnie około 4500 okazów roślin, a do szczególnie efektownych należą palmy, z których kilkanaście liczy już 130 lat.

THE PALM HOUSE IN ŹRÓDLISKA PARK

The oldest city park is Źródliska from the beginning of forties of the 19th century. Picturesquely located and planned, initially it used to be named an English Garden. Now a Palm House is its real gem, built in 1998-2003 replacing an earlier, smaller building. In a spacious, modern object about 4500 species are grown, the most attractive are palms, some of which are more than 130 years old.

PALMENHAUS IN ŹRÓDLISKAPARK

Der älteste Stadtpark ist der Anfang der 40ger Jahre des 19. Jh. entstandene malerisch komponierte Źródliskapark, zuerst war er Englischer Garten genannt. Seine Zierde ist jetzt das in den Jahren 1998-2003 entstandene Palmenhaus, an Stelle des früheren kleineren Gebäudes. Im geräumigen modernen Objekt werden jetzt gegen 4500 Pflanzenexemplare angebaut, zu den besonders effektvollen gehören Palmen, von denen einige über 130 Jahre alt sind.

PARK JULIANOWSKI

Jeden z największych i najbardziej malowniczych parków łódzkich, położony w północnej części miasta, noszący obecnie nazwę Parku im. A. Mickiewicza. Otaczał wybudowany około 1890 r. pałac fabrykanta Juliusza Heinzla barona von Hohenfels. Pałac uszkodzony niemieckimi bombami we wrześniu 1939 r. został następnie przez hitlerowskich okupantów rozebrany. Park przetrwał i po 1945 r. powiększony został znacznie od strony wschodniej. Krajobraz pełnego zieleni terenu urozmaicają stawy utworzone na płynącej tędy rzeczce Sokołówce.

JULIANOWSKI PARK

One of the biggest and most delightful city park, located in the northern part of he city, now Adam Mickiewicz Park. It used to surround a palace, built in 1890, of an industrialist Julius Heinzl, baron von Hohenfels. The palace destroyed by German bombs in September 1939 was then demolished by Germans. The park survived and after 1945 it was expanded noticeably from the eastern side. The landscape full of greenery area is even more attractive due to ponds created on small river the Sokolowka.

JULIANOWSKI-PARK

Einer der größten und malerischsten Lodzer Parks im Nordteil der Stadt gelegen trägt jetzt den Namen A.-Mickiewicz-Park. Er umgab den gegen 1800 erbauten Palast des Fabrikanten Julius Heinzel Baron von Hohenfels. Der Palast wurde im September 1939 mit deutschen Bomben beschädigt und später von den Hitlerbesatzern abgerissen. Der Park überdauerte, nach 1945 wurde er von der Ostseite bedeutend vergrößert. Die Landschaft dieser Grünlage machen die auf dem hier fließenden Flüsschen Sokołówka gebauten Teiche abwechslungsreich.

KAPLICZKI W LESIE ŁAGIEWNICKIM

Las Łagiewnicki to największy w Europie teren leśny w granicach miejskich, włączony w obszar Łodzi w 1945 r. i służący mieszkańcom jako miejsce wypoczynku i rekreacji. Jednym z najbardziej uroklíwych zakątków Lasu jest tzw. Pustelnia z dwiema drewnianymi kapliczkami: św. Antoniego z 1676 r. (po prawej) i św. Rocha z początku XVIII w. To najstarsze zabytki w dzisiejszych granicach Łodzi. Pierwsza z nich stała pierwotnie na wzniesieniu, gdzie wznosi się teraz murowany kościół franciszkanów - słynącego na przełomie XVII i XVIII wieku jako miejsce cudownych objawień św. Antoniego.

CHAPELS IN ŁAGIEWNICKI FOREST

Łagiewnicki Forest is the biggest forest area in the city premises, included into Łódź area in 1945, and serving its inhabitants as a place of recreation and rest. One of the most charming place in the Forest is so called Hermitage with two wooden chapels: St Anthony from 1676 (on the right) and St Roch from the beginning of the 18th century. Those are the oldest monuments in today's Łódź borders. The first of them initially stood on the hills, where a brick Franciscan church now stands, – and was famous for miraculous revelation of St Anthony.

KLEINE KAPELLEN IN ŁAGIEWNICKI WALD

Der Łagiewnicki Wald ist das größte in den Stadtgrenzen liegende Waldgelände in Europa. Nach 1945 wurde er in die Stadt einverleibt und dient den Einwohnern als Erholungsstätte. Einer der anmutigsten Orte im Wald ist die sog. Einsiedelei mit zwei Holzkapellen: rechts die Hl.-Anton-Kapelle vom 1676 und links die Hl.-Roch-Kapelle vom Anfang des 18. Jh. Das sind die ältesten historischen Denkmäler in den heutigen Grenzen von Łódź. Die erste von ihnen stand ursprünglich auf einer Höhe, wo jetzt die gemauerte Franziskanerkirche steht, sie war um die Wende des 17. und 18. Jh. Als Ort wunderbarer Offenbarungen vom Hl. Anton berühmt.

PAŁAC ALFREDA BIEDERMANNA

Zieleń Łodzi to nie tylko duże parki, to także mniejsze enklawy dające relaks i odpoczynek, otaczające często dawne fabrykanckie rezydencje. Jedną z nich jest pałac wybudowany w 1912 roku przez Alfreda Biedermanna, właściciela położonych w sąsiedztwie dużych zakładów włókienniczych, otoczony obszernym ogrodem. Obecnie, po wcześniejszej renowacji, obiekt zajmuje Uniwersytet Łódzki – to dobry przykład wykorzystania zabytkowych budowli do współczesnych celów.

ALFRED BIEDERMANN'S PALACE

Greenery of Łódź is not only big parks but also smaller enclaves giving relaxation and rest, often surrounding former industrialists' mansions. One of these is a palace built in 1912 by Alfred Biedermann, an owner of nearby large textile factories. The palace is surrounded by an immense garden. Nowadays, after earlier renovation, the object belongs to Łódź University – a good example of how to make the best of old buildings for modern tasks.

ALFRED-BIEDERMANN-PALAST

Des Lodzer Grün bilden nicht nur große Parks sondern auch kleinere Entspannung und Erholung gebende Anlagen, die ehemalige Fabrikantenresidenzen umgeben. Eine von ihnen ist der im großen Garten gelegene 1912 errichtete Palast von Alfred Biedermann, Besitzer der in der Nachbarschaft liegenden großen Textilwerke. Nach der früheren Renovierung bekam die Lodzer Universität dieses Objekt – ein gutes Beispiel der Ausnutzung der historischen Gebäude für Gegenwartszwecke.

BIBLIOTEKA UNIWERSYTETU ŁÓDZKIEGO

Łódź – dawniej miasto fabryk, przekształciła się współcześnie w ośrodek akademicki. Gmachy wyższych uczelni tworzą coraz bardziej wyraziste akcenty w miejskim krajobrazie. Do najciekawszych należy siedziba biblioteki Uniwersytetu Łódzkiego. Budynek o spokojnej, racjonalnej architekturze wzniesiony w 1960 r. według planów Edmunda Orlika, został w latach 2003-2006 rozbudowany przez architekta Jerzego Pietkiewicza. Nowa część, dostawiona od strony północnej, epatuje dynamiczną bryłą pokrytą wielkimi płytami błękitnego refleksowego szkła.

ŁÓDŹ UNIVERSITY LIBRARY

Łódź – before a factory city, now has transformed into an academic centre. Building of high schools create more and more clear features in the city landscape. The most interesting is Łódź University Library. The building of a quiet, rational architecture erected in 1960 according to Edmund Orlik plans, was extended by an architect Jerzy Pietkiewicz in 2003-2006. A new part, added from northern side, dazzles with a dynamic mass covered with huge panels of blue reflection glass.

UNIVERSITÄTSBIBLIOTHEK

Łódź – früher eine Fabrikstadt – verwandelte sich gegenwärtig in ein akademisches Zentrum. Hochschulgebäude bilden immer ausdrucksvollere Akzente in der Stadtlandschaft. Zu den interessantesten gehört der Sitz der Universitätsbibliothek. Das nach dem Entwurf von Edmund Orlik 1960 errichtete Gebäude mit ruhiger rationaler Architektur wurde in den Jahren 2003-2006 von dem Architekten Jerzy Pietkiewicz ausgebaut. Der neue an der Nordseite angebaute Teil macht mit dem mit großen blauen Reflexglasplatten bedeckten dynamischen Baukörper einen großen Eindruck.

POLITECHNIKA ŁÓDZKA

Łódzkie uczelnie wykorzystują dla swoich potrzeb zarówno dawne fabrykanckie rezydencje, jak i coraz częściej opustoszałe gmachy przemysłowe. Do najciekawszych przykładów adaptacji budynków fabrycznych na cele dydaktyczne należą obiekty użytkowane przez Politechnikę Łódzką. W ciągu ostatnich lat zagospodarowano zabytkowe budowle dawnych zakładów Wilhelma Schweikerta umieszczając w nich Bibliotekę Główną, a widoczny po lewej stronie gmach od 2004 r. mieści trzy wydziały uczelni i nazywany jest „Budynkiem Trzech Wydziałów".

ŁÓDŹ POLYTECHNIC

Łódź high schools use for their needs both post-industrialists' mansions and, more and more, often empty industrial buildings. One of the most interesting examples of factory buildings conversions to didactic purposes belongs to Polytechnic. During recent years historical building of former Wilhelm Schweikert's factory has been converted to the Main Library, and a, visible on the left, building has housed three departments of the school since 2004 and that is why it is called a "A Building of Three Departments".

TECHNISCHE UNIVERSITÄT

Lodzer Hochschulen nutzen für ihre Zwecke sowohl alte Fabrikantenresidenzen als auch immer häufiger leer stehende Industriegebäude aus. Zu den interessantesten Beispielen der Anpassung der Fabrikgebäude für didaktische Ziele gehören die von der Technischen Universität in Łódź benutzten Objekte. Im Laufe der letzten Jahre passte man die historischen Gebäude der ehemaligen Wilhelm-Schweikert-Werke für die Hauptbibliothek an. Im links sichtbaren Gebäude befinden sich seit 2004 drei Fakultäten. Es wird auch das „Gebäude der drei Fakultäten" genannt.

PAŃSTWOWA WYŻSZA SZKOŁA FILMOWA TELEWIZYJNA I TEATRALNA

Ciesząca się wielkim międzynarodowym autorytetem uczelnia, której absolwenci – reżyserzy, operatorzy, aktorzy - tworzyli historię polskiego kina. Wielu z nich: Andrzej Wajda, Roman Polański, Krzysztof Kieślowski, Jerzy Skolimowski zdobyło międzynarodową renomę. Władze uczelni mieszczą się w neorenesansowej willi Oskara Kona, obok której w 2003 r. stanął nowy, nowoczesny obiekt zaprojektowany przez Marka Pabicha, mieszczący hale zdjęciowe i sale wykładowe.

STATE HIGH SCHOOL OF FILM TELEVISION AND THEATRE

The school enjoys great international authority, the graduates – directors, cameramen, actors –have created a history of Polish cinema. Many of them achieved international fame and reputation: Andrzej Wajda, Roman Polanski, Krzysztof Kieślowski, Jerzy Skolimowski. The authorities of the school have their seat in a neo- Renaissance villa of Oskar Kohn; next to it, in 2003, a new modern object was erected designed by Marek Pabich. In the building there are filming and lecture halls.

FILM-, THEATER- UND FERNSEHHOCH-SCHULE

Die international anerkannte Hochschule, deren Absolventen – Regisseure, Kameraleute und Schauspieler die Geschichte des polnischen Kinos geschaffen haben. Viele von ihnen z.B. Andrzej Wajda, Roman Polański, Krzysztof Kieślowski, Jerzy Skolimowski gewannen internationalen Ruhm. Die Hochschulbehörden amtieren in der Neurenaissance-Oskar-Kon-Villa, neben der in 2003 das von Marek Pabich entworfene neue Objekt mit Aufnahmehallen und Hörsälen erbaut wurde.

PAŁAC KAROLA POZNAŃSKIEGO – SIEDZIBA AKADEMII MUZYCZNEJ

Wiele łódzkich uczelni mieści się w budowlach zabytkowych. Siedzibą łódzkiej Akademii Muzycznej jest dawny pałac Karola Poznańskiego, jedna z najbardziej efektownych rezydencji fabrykanckich, wybudowany w latach 1904-1908 według projektu Adolfa Zeligsona. Jego wnętrza, odznaczające się wyjątkowym bogactwem dekoracji, tworzą znakomitą oprawę dla rozbrzmiewającej w nich od rana do wieczora muzyki.

KAROL POZNANSKI'S PALACE – MUSIC ACADEMY SEAT

Many Łódź schools houses in historical buildings. The seat of Music Academy is a former Karol Poznanski's palace, one of the most attractive factory owners' mansion, built in 1904-1908 according to Adolf Zeligson's project. Its interiors, characterized by exceptional decoration richness, create a splendid setting for music resounding here from morning till night.

KARL-POZNAŃSKI-PALAST – SITZ DER MUSIKAKADEMIE

Viele Lodzer Hochschulen befinden sich in historischen Gebäuden. Der Sitz der Lodzer Musikakademie ist der ehem. Karl-Poznański-Palast, eine der effektvollsten Fabrikantenresidenzen – in den Jahren 1904-1908 nach dem Entwurf von Adolf Zeligson errichtet. Seine besonders reich geschmückten Innenräume bilden einen vortrefflichen Rahmen für die hier vom Morgen bis Abend klingende Musik.

NOWE CENTRUM MIASTA

W latach siedemdziesiątych XX wieku ukształtowano nowe centrum miasta, którego newralgicznym punktem stało się skrzyżowanie ulicy Piotrkowskiej z przebitą na osi wschód-zachód szeroką trasą szybkiego ruchu: al. marszałka J. Piłsudskiego i al. A. Mickiewicza. Obudowano je wieloma gmachami o architekturze utrzymanej w duchu modernistycznym, wśród których wyróżnia się zespół wysokich bloków mieszkalnych, nazywany popularnie „Manhattanem". Na przełomie XX i XXI wieku uzupełniły je kolejne obiekty o elewacjach pokrytych szkłem i lśniącymi okładzinami.

NEW CITY CENTER

In the seventies of the 20th century a new city center was formed.The crucial point is the crossroads of Piotrkowska and a East-West wide highway: Marshal J. Pilsudski Alley and A. Mickiewicz Alley. The streets are developed with large buildings of architecture in Modernism Style. The complex of high blocks of flats, popularly known as "Manhattan", is especially distinctive. On the turn of the 20th and 21st century, next objects, of elevations covered with glass and glowing layers, complemented the area.

NEUES STADTZENTRUM

In den 70ger Jahren des 20. Jh. Gestaltete sich das neue Stadtzentrum, dessen neuralgischer Punkt die Kreuzung der Piotrkowskastraße mit der auf der Ost-West-Achse durchbrochenen Schnellstraße Marsch.-J.-Pilsudski-Allee und A.-Mickiewicz-Allee ist. Sie wurde mit vielen im modernistischen Stil gehaltenen Gebäuden umgebaut. Unter ihnen zeichnet sich das Ensemble von Wohnhäusern aus, im Volksmund „Manhattan" genannt. Um die Wende des 20. und 21. Jh. wurden sie mit nacheinander folgenden Objekten mit glänzenden Glassfassaden ergänzt.

NOWE OBLICZE PIOTRKOWSKIEJ

Dokonane w latach siedemdziesiątych ubiegłego stulecia wyburzenia w centrum miasta stworzyły wielkie przestrzenie pod nowe inwestycje. Na przestrzeni lat wypełniły je budowle o zróżnicowanych funkcjach. Vis-a-vis biurowca wybudowanego przed trzydziestu laty stanął na początku naszego stulecia budynek „Orange Plaza", zaprojektowany przez spółkę „Lipski i Wujek", ze lśniącymi elewacjami, o typowej dla ostatnich lat komercyjnej architekturze. W głębi widoczny jest obszerny plac, na którym wkrótce stanie reprezentacyjny hotel „Hilton".

A NEW FACE OF PIOTRKOWSKA STREET

Demolitions in the centre made in the seventies of the last century, created huge spaces ready for new investment. During the following years, constructions of different functions filled this area. Vis-a-vis an office block built 30 years ago, a building of "Orange Plaza" appeared. It was designed by 'Lipski & Wujek" Coo., with glowing elevations and typical commercial architecture. In the background you can see a spacious square where a stately hotel "Hilton' is expected to be built.

DAS NEUE GESICHT DER PIOTRKOWSKASTRAßE

Die in den 70ger Jahren des vorigen Jahrhunderts durchgeführten Abreißarbeiten im Stadtzentrum gaben große Flächen unter neue Investitionen frei. Im Laufe der Zeit wurden sie mit Bauwerken von unterschiedlicher Funktion ausgeführt. Gegenüber dem vor 30 Jahren errichteten Gebäude entstand das am Anfang unseres Jahrhunderts von der Firma „Lipski i Wujek" entworfene Gebäude „Orange Plaza" mit glänzenden und einer für die letzte Zeit typischen kommerziellen Architektur. Im Hintergrund kann man einen geräumigen Platz sehen, an dem bald das repräsentative „Hilton-Hotel" entstehen wird.

ŁÓDZKA FILHARMONIA

W 1886 r. przy jednej z głównych ulic miasta, Dzielnej (obecnie G. Narutowicza) stanęła Sala Koncertowa Ignacego Vogla. Przez dziesięciolecia stanowiła ona ważne miejsce w życiu kulturalnym Łodzi. Tu odbywały się liczne koncerty, ale też bale, imprezy dobroczynne, a nawet walki bokserskie i zapaśnicze. Gdy w 1915 r. powstała Łódzka Orkiestra Symfoniczna, późniejsza Filharmonia Miejska, tutaj najczęściej koncertowała. Stary gmach, pod pretekstem złego stanu technicznego, w końcu ubiegłego stulecia rozebrano, a na jego miejscu w 2004 r. wybudowano – według projektu krakowskiego architekta Romualda Loeglera - nową siedzibę Filharmonii.

PHILHARMONIC HALL

In 1886, at one of the main city street, Dzielna (now Narutowicza street), a Concert Hall of Ignacy Vogel stood. For many years it constituted an important place in the cultural life of Łódź. It was there where many concerts took place, but also balls, charity events and even boxing fights and wrestling. When in 1915 a Łódź Symphony Orchestra, then City Philharmonic, came to life, it was there where they gave concerts. An old building, apparently due to poor technical condition was pulled out, and it was replaced by a new Philharmonic seat in 2004, according to a project of a Cracow architect Romuald Loegler.

LODZER PHILHARMONIE

1886 wurde der Konzertsaal von Ignaz Vogel an einer der Hauptstraßen der Stadt – Dzielnastr. (h. G.-Narutowicz-Str.) erbaut. Jahrzehnte lang war sie eine wichtige Stätte im kulturellen Leben von Łódź. Hier fanden zahlreiche Konzerte statt, Balls, Wohltätigkeitsveranstaltungen und sogar Box- und Ringkämpfe. Als 1915 das Lodzer Symphonieorchester, die spätere Städtische Philharmonie entstanden war, gab sie hier ihre meisten Konzerte. Unter dem Vorwand schlechten technischen Zustands wurde das alte Gebäude gegen Ende des vorigen Jahrhunderts abgerissen. An seiner Stelle wurde der neue Sitz der Philharmonie nach dem Entwurf des Krakauer Architekten Romuald Loegler errichtet.

SALA KONCERTOWA ŁÓDZKIEJ FILHARMONII

Nowy gmach Filharmonii prezentuje architekturą skomponowaną z betonu i szkła, pełną technologicznego chłodu. Szklaną fasadę ożywia łuk, który ma być nawiązaniem do formy wcześniejszego gmachu. Podobnie zracjonalizowany i chłodny charakter mają także wnętrza budynku. Duża, efektowna sala koncertowa stwarza łódzkim filharmonikom znakomite warunki do pracy, choć brak jej ciepła i atmosfery dawnej Sali Koncertowej Vogla.

CONCERT HALL OF ŁÓDŹ PHILHARMONIC

A new building of Philharmonic presents the architecture composed of concrete and glass, full of technological coldness. The glass façade is enlivened by an arch which is to refer to the earlier form of the building. It is similarly rationalized and its cool character is also depicted inside the building. A huge, impressive concert hall creates splendid working conditions for musicians, yet the building lacks the warmth and atmosphere of the old Vogel's Hall.

KONZERTSAAL DER LODZER LHILHARMONIE

Das neue Philharmoniegebäude stellt die aus Beton und Glas komponierte Architektur vor, voll technologischer Kälte. Die Glasfassade wird von einem Bogen belebt, der eine Anknüpfung an die Form des früheren Gebäudes sein soll. Einen ähnlicherweise rationalisierten und kühlen Charakter haben auch die Innenräume des Gebäudes. Der große wirkungsvolle Konzertsaal bietet den Lodzer Philharmonikern vortreffliche Arbeitsbedingungen, obwohl ihm die Wärme und Atmosphäre des alten Vogel-Konzertsaals fehlen.

„MANUFAKTURA"

Palącym problemem współczesnej Łodzi
są wielkie zespoły dawnych fabryk
włókienniczych, opustoszałe po załamaniu
się przestarzałego przemysłu w ostatniej
dekadzie ubiegłego stulecia. Wielkie dyskusje
wzbudziła propozycja przekształcenia olbrzy-
miego zespołu dawnych zakładów Izraela K.
Poznańskiego w centrum handlowo-rozrywkowe
„Manufaktura". Wśród odrestaurowanych
niegdysiejszych budynków fabrycznych,
wypełnionych nowymi funkcjami, stworzono
obszerny plac - Rynek, który szybko stał się
ulubionym miejscem spotkań mieszkańców
Łodzi.

"MANUFAKTURA"

Big complexes of old textile factories, empty
after industry failure in the last decade, pose
a crucial problem for contemporary Łódź. Big
discussions were aroused by a suggestion of
transforming a tremendous complex of old
factories of Israel K. Poznanski, into a shopping and amusement centre. A new spacious
square was created – a Market, which soon
has become a favourite meeting place for
Łódź dwellers, together with other restored
post-factory buildings filled with new functions.

„MANUFAKTUR"

Ein brennendes Problem des gegenwärtigen
Łódź sind große nach dem Zusammenbruch
der veralteten Industrie im letzten Jahrzehnt
des vorigen Jahrhunderts leer gewordene
Komplexe alter Textilfabriken. Große
Diskussionen rief der Vorschlag hervor, den
riesengroßen Komplex in ein Handels- und
Unterhaltungszentrum zu verwandeln. Unter
den restaurierten alten Fabrikgebäuden mit
neuen Funktionen entstand ein großer Platz
– der Marktplatz, der schnell ein beliebter
Treffpunkt der Einwohner wurde..

„MANUFAKTURA"

Otwarta w 2006 r. „Manufaktura" przyciąga
odnowionymi elewacjami zabytkowych
gmachów fabrycznych, a wieczorem rzęsista
iluminacją. Choć połączenie starej
architektury z nową czysto komercyjną formą
centrum handlowego wzbudza kontrowersje,
miejsce to szybko stało się symbolem nowej
Łodzi – miasta czerpiącego z dziedzictwa
przeszłości ale patrzącego z optymizmem
w przyszłość.

"MANUFAKTURA"

Opened in 2006, "Manufaktura" attracts
with restored elevations of historical factory
buildings, and at night, with brilliant illumination. Although a combination of old architecture with a new, purely commercial form
of shopping centre evokes controversy, this
place quickly became a symbol of new Łódź –
a city benefiting from the heritage of the past
but looking forward to optimistic future.e.

„MANUFAKTUR"

Die 2006 eröffnete „Manufaktur" zieht
mit den erneuerten Fassaden historischer
Fabrikgebäude an, und abends mit reicher
Illumination. Obwohl die Verbindung der
alten Architektur mit der neuen rein
kommerziellen Form des Handelszentrums
umstritten ist, wurde der Ort schnell Symbol
des neuen Łódź, einer aus dem vergangenen
Erbe schöpfenden aber auch mit Optimismus
in die Zukunft schauenden Stadt.

KLASZTOR W ŁAGIEWNIKACH

Zamglone słoneczne światło wydobywa urodę starego klasztoru i kościoła ojców franciszkanów w Łagiewnikach. Ten położony na skraju Lasu Łagiewnickiego zespół pochodzący z pierwszej połowy XVIII wieku był niegdyś miejscem słynącym cudami i ściągającym tysiące pielgrzymów. Teraz otacza go atmosfera kultu błogosławionego ojca Rafała Chylińskiego, jak i miejsca o szczególnym uroku, w którym można odnaleźć ciszę i ukojenie.

MONASTERY IN ŁAGIEWNIKI

Misty, sunny light highlights the beauty of the old monastery and fathers Franciscan church in Łagiewniki. This complex situated on the edge of Łagiewniki Forest dates back to the first half of the 18th century and used to be a place famous for miracles and attracting thousands of pilgrims. Now it is surrounded by the atmosphere of cult of the blessed father Rafał Chyliński as well as a place of an exceptional charm, where you can find peace and comfort.

KLOSTER IN ŁAGIEWNIKI

Das benebelte Sonnenlicht hebt die Schönheit des alten Franziskanerklosters und der Kirche in Łagiewniki hervor. Das am Rande des Łagiewnicki Waldes liegende Ensemble aus der ersten Hälfte des 19. Jh. war einst ein wegen Wunder berühmter und tausende Pilger anziehender Ort. Jetzt umgibt ihn die Kultatmosphäre des seligen Rafał Chyliński sowie der Stätte mit besonderer Anmut, wo man Stille und Beruhigung finden kann.